E. HINDELANG

Kriegs - Tagebuch

Russland 21. Juni 1941 bis 04. Mai 1942

Im Gedenken an meinen Großvater

E. HINDELANG

Über Nacht war Krieg
Mein Weg nach Russland 1941

Tagebuch

Bibliografische Information der Deutschen Nationalbibliothek:
Die Deutsche Nationalbibliothek verzeichnet diese Publikation in der Deutschen Nationalbibliografie; detaillierte bibliografische Daten sind im Internet über www.dnb.de abrufbar.

© 2016 - 2019 Wolfgang K. Hindelang
2. Auflage

Layout und Satzarbeiten: Helmut H. Kroiß, Füssen

Herstellung und Verlag:
BoD – Books on Demand, Norderstedt

ISBN: 978-3-7431-1581-1

INHALTSVERZEICHNIS

Vorwort 7
Einleitung 9

1941

21. Juni 10
22. Juni 11
23. Juni 13
24. Juni 14
25. Juni 15
26. Juni 16
27. Juni 20
28. Juni 22
29. Juni 24
30. Juni 26
1. Juli 27
2. Juli 28
3. Juli 31
4. Juli 31
5. Juli 32
6. Juli 36
7. Juli 37
8. Juli 42
9. - 10. Juli 43
11. - 12. Juli 46
13. - 15. Juli 47
16. Juli 48
17. Juli 49
18. Juli 56
19. - 20. Juli 58
21. Juli 60
22. Juli 62
23. Juli 64
24. - 27. Juli 66
28. Juli 67
29. Juli 68
30. Juli 69
31. Juli 71
1. August 73
2. August 73
3. August 74
4. - 5. August 75
6. August 78
7. August 79
8. - 11. August 80
12. - 13. August 84
14. - 16. August 86
21. August 88
27. August 90
28. - 31. August 94
1. September 95
3. September 96
3. September 98
4. - 5. September 101
6. September 102
7. September 104
8. September 106
9. September 109
10. - 11. September 110
12. - 13. September 111

INHALTSVERZEICHNIS

14. September 112	14. - 18. November 159
20. September 114	22. November. 161
21. - 22. September. 115	23. - 25. November 162
23. September 116	26. - 27. November 163
24. - 29. September. 117	28. November. 164
6. Oktober 118	2. Dezember 164
2. Oktober 120	6. Dezember 166
7. - 9. Oktober 121	8. - 10. Dezember. 167
10. Oktober. 122	11. - 13. Dezember 168
11. Oktober. 123	23. - 25. Dezember 169
13. Oktober. 128	27. - 28. Dezember 170
14. Oktober. 129	29. - 31. Dezember 171
15. Oktober. 130	**1942**
16. Oktober. 131	1. Januar 172
17. Oktober. 133	2. Januar 173
18. Oktober. 134	3. - 20. Januar 174
19. Oktober. 135	25. Januar 175
20. Oktober. 136	5. Februar 176
21. Oktober. 141	7. - 8. Februar. 183
22. Oktober. 144	9. Februar 184
28. Oktober. 146	15. Februar 186
29. Oktober. 149	22. - 24. Februar 189
30. Oktober. 150	28. Februar 190
31. Oktober. 152	11. - 16. März 192
1. - 2. November 153	19. - 30. März 193
7. November 155	7. - 20. April 194
8. November 156	1. Mai 195
9. November 157	4. Mai 198
10. - 13. November 158	

VORWORT

Im Jahre 2004, nahezu 25 Jahre nach dem Tod meines Großvaters, erinnerte ich mich an sein Tagebuch, das mir als Erbe in die Hände fiel. Mein Großvater verstarb 1979, ein Jahr nach meinem Vater.

Nun, ich muss dazu sagen, dass ich erst jetzt die Zeit und die Muse dafür hatte, es zu lesen oder besser gesagt zu übersetzen. Denn das Tagebuch meines Großvaters ist in Altdeutsch geschrieben, wie es zur Zeit des 2. Weltkrieges üblich war.

Ich erinnerte mich noch, dass ich diese Schreibweise in der Schule gelernt hatte, aber später hatte ich keine Ahnung mehr davon. Also machte ich mich auf die Suche nach dem altdeutschen Alphabet. Mit Hilfe des Internets war das kein großes Problem. Somit lernte ich sehr schnell wieder, diese Schrift zu lesen und zu schreiben.

Jetzt, nachdem ich das Tagebuch vollständig, und wie ich hoffe, ohne Fehler, in unsere Schreibweise übertragen habe, weiß ich, warum mein Großvater zu Lebzeiten nie über den Krieg mit mir gesprochen hat. Denn von so schrecklichen Dingen erzählt man ganz sicher nicht seinen Nachkommen in jungen Jahren.

Das Tagebuch ist authentisch, wie ihr an den eingescannten Originalseiten ersehen könnt und ich weiß bis heute nicht, ob ich solche schrecklichen Geschehnisse überhaupt veröffentlich soll.

Heute ist dieses Tagebuch für mich beeindruckender denn je.

Es gab Momente, wo ich einfach Tage aussetzen musste, weil mich die Geschehnisse in einer Art beeindruckten, dass ich nicht wusste, ob ich überhaupt weitermachen sollte.

Ich kann nur sagen, hoffentlich erleben unsere Nachkommen nicht noch einmal solche unmenschliche Zeiten wie mein Großvater, der nicht nur im 2. Weltkrieg, sondern auch noch in russischer Kriegsgefangenschaft in Sibirien war. Er kehrte erst 1949 nach Hause zurück.

Mein Großvater hinterließ mir noch 2 Messer, die er aus Granatsplittern während seiner Gefangenschaft gefertigt hatte. Mich beeindruckt die Härte des Materials, die Schärfe der Klingen und zugleich die faszinierende Form.

Zudem habe ich noch ein Foto meines Großvaters im Anhang, das vermutlich von dem Marsch durch Russland oder aus seiner Gefangenschaft stammt.

Juni bis Oktober 2004
Wolfgang K. Hindelang

Fertigstellung November 2016
In der endgültigen Form habe ich ganz bewusst die alte Schreibweise mit „ß" wie im Original belassen.

Tagebuch ab

21. Juni 41

Uffz. E. Hindelang
(Unteroffizier Aemilian Hindelang)

F. P. 22669
(Feldpostnummer 22669)

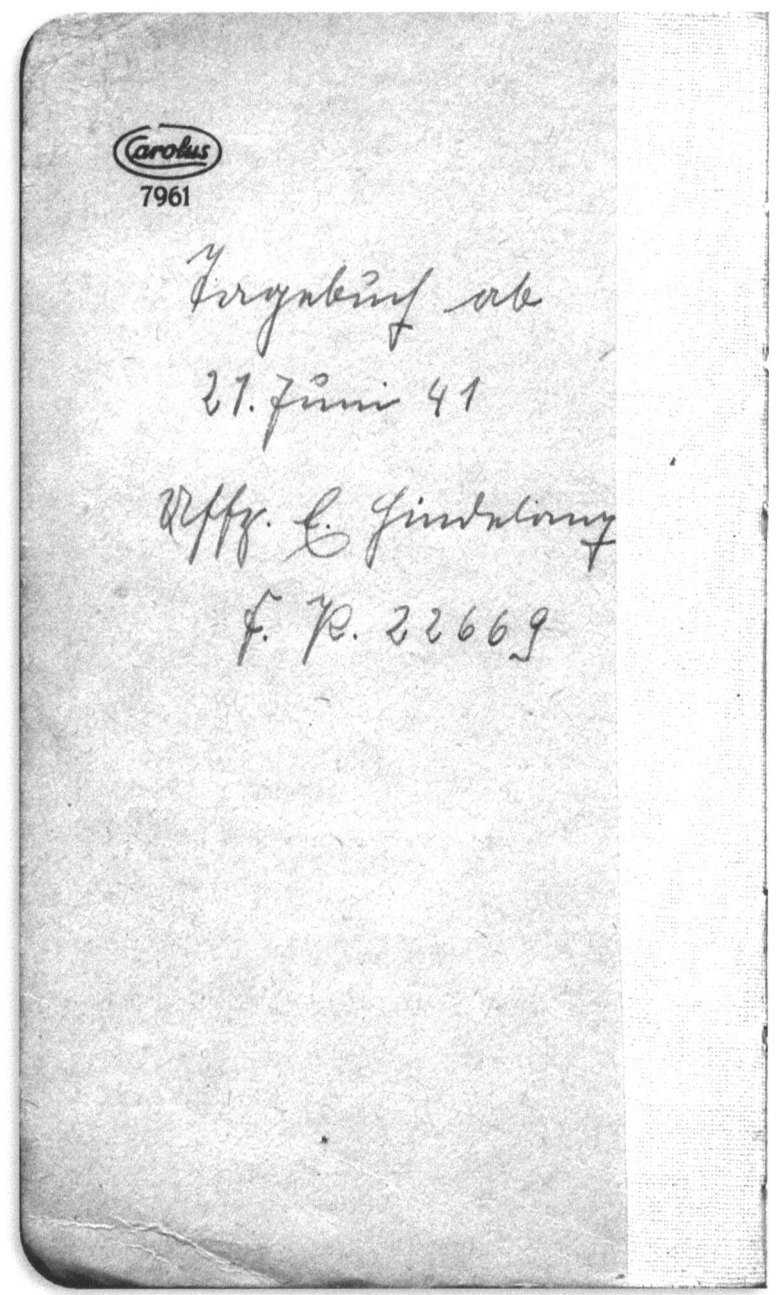

EINLEITUNG

Anfangs Juni ging´s von Rocaniec weg nach Majdan. Da mußten wir mit größter Geschwindigkeit noch eine Zufahrtstraße zur Grenze bauen. Vier km Betonspurstraße, das Übrige wurde aus Knüppeln gemacht. Ernsthaft dachte noch niemand an Krieg mit Rußland. Doch die letzten Tage waren schon alle Wälder voll Truppen, Geschützen und Panzern. Munitions- und Benzinlager entstanden über Nacht. Es konnte nun kein Zweifel mehr sein, über das, was im Entstehen war. Ich will mir aufschreiben was in der Folgezeit alles bei uns zu erleben ist.

21. JUNI

Am 21. Juni früh drei Uhr erfolgte der Abmarsch in Majdan zur russischen Grenze - 16 km - In einem Wald, 1200 m von der Grenze entfernt, zelteten wir. Jeder war gespannt, auf das, was kommt. Abends wurde uns noch verschiedenes vorgelesen, über das Verhalten im Feindesland und zugleich der Beginn des Vormarsches bekannt gegeben. Nun war kein Zweifel mehr. Schlafen konnte wohl keiner mehr. Mir graute nur vor der unendlichen Weite des rußischen Raumes. Ich ahnte wohl die vielen tausende Kilometer. Immer wollten wir schon dabei sein, wo Neues los ist, nun sind wir´s.

22. JUNI

Am 22. Juni, ab 2 Uhr warteten wir auf den Beginn der Kampfhandlungen. Die Kampftruppen waren schon weg. Um 4 Uhr fiel der erste Schuß in Richtung Grenze. Von ferne hörten wir schon Artillerie. Wir erwarteten ungeduldig den Marschbefehl. Endlich ¾ 9 Uhr ging´s weg, an die Grenze, da immer der Grenze entlang. Um 1315 Uhr wurde die Grenze, die durch einen hohen Maschendrahtzaun gebildet wurde, überschritten. Kilometerbreites Gebiet, das weder bebaut noch bewohnt war, wurde durchquert. Ein halbfertiger Tankgraben, den zu vollenden die Russen keine

Zeit mehr hatten, wurde durchschritten. Immer weiter nach Rußland hinein. Eine sumpfige Straße wird schnell ausgebessert, dabei finden wir den ersten russischen Soldaten versteckt. Er war vollkommen naß, da er in einem Wassergraben steckte und fing gleich zu weinen an. Er hatte Angst, erschossen zu werden. Es war ein Pole und erst zwei Tage Soldat. Wir schickten ihn nach Hause. Froh den bösen Deutschen entronnen zu sein, rannte er davon. Wir marschierten weiter bis abends 21 Uhr. In einem Dorf Bolanka wurde in Scheunen ausgeruht. Marsch ca. 35 km.

23. JUNI

Früh 3 Uhr weckt uns heftiges Artilleriefeuer, doch wir denken nicht viel und schlafen weiter. Um 5 Uhr aber wird's Ernst. Es ist für uns höchste Zeit zu türmen. Maschinengewehr- und Infanteriefeuer ist in nächster Nähe. Die Kugeln pfeifen uns um die Ohren. Wir wissen nicht was los ist und gehen zurück. Ich bin mehr erstaunt als erregt. Ein tolles Durcheinander entsteht. Aktive Truppen sind hinter uns schon in Stellung und wir kommen langsam aus dem Dorf hervor, aus dem sie schon die Russen erwarten. Ein Hauptmann, der erfährt, daß wir Baukompanie sind, wünscht uns zu allen Teufeln. Die Russen sind knapp hinter uns. Da beeilten wir uns doch besser und rannten wie die Hasen übers Feld. Ich fühlte namenlose Beschämung und ging in ohnmächtigem Zorn zurück. Ca. 3 km weit, da beobachteten wir den Kampf bis Mittag, dann konnten wir wieder vor. Der Feind war vertrieben, aber nicht von der Baukompanie. Um 15 Uhr erfolgte der Weitermarsch.

24. JUNI

Wir marschieren bis 24. Juni früh drei Uhr. Versprengte Truppen und Baumschützen machten den nächtlichen Marsch nicht gerade angenehm. Wir sind ca. 50 km gelaufen, aber sehr viel Umweg. In einem Dorf wurde gerastet bis nachmittags 16 Uhr. Dann eine Stunde Marsch bis zu einem Wäldchen. Heftiges Artilleriefeuer ist ganz nahe zu beobachten. Am Rand des Wäldchens liegt ein erschossener Heckenschütze. Der erste Tote den ich sehe. Zahlreiche Brände sind zu sehen. Nach 1 ½ Stunden geht´s weiter zu einem Dorf, dort bleiben wir. Ca. 12 km.

25. JUNI

25. Juni früh 9 Uhr marschieren wir weiter, doch schon nach 5 km in einem Walde konnten wir nicht mehr weiter, der Gegner liegt ca. 3-4 km vor uns in dem Städtchen Krakowitsch und verteidigt sich äußerst erbittert. Große Verluste sollen auf beiden Seiten sein. Selbst Verwundete

schießen, bis sie erledigt werden. Den deutschen Verwundeten sollen sogar die Köpfe abgeschnitten worden sein bis die Sanitäter wieder kamen. Der Kampf muß ganz furchtbar sein. Wir liegen hier faul herum. Was sollen wir auch viel helfen können, sind wir doch so gut wie waffenlos: 18 deutsche Gewehre, die übrigen haben Franzosenprügel und sehr wenig Munition dazu. Die Russen sind sehr gut bewaffnet mit mechanischen Waffen, die Artillerie ist modern und soll sehr gut schießen. Wir bleiben in dem Wald über Nacht.

26. JUNI

Wir haben polnische

Fuhrwerke dabei. Sie hatten ohne Begleitung kein Futter zu holen. Einer befolgte das nicht und wurde in der Nacht, als er Gras für die Pferde holen wollte, von Feldposten erschossen. Da viele Russen die Uniform bei drohender Gefangennahme wegwarfen und als Zivilisten zu entkommen versuchen, wird bei der Nacht auf jeden ohne weiteres geschossen. Es war früh ½ 3 Uhr.

Da der Feind während der Nacht weit zurückgeschlagen wurde, marschierten wir um ½ 9 Uhr weiter nach Osten. Krakowitsch, das starke Kampfspuren aufwies, wurde durchschritten. Nun kommt das Schlachtfeld.

Sowas hab ich noch nicht gesehen. In bunter Reihenfolge liegen rechts und links der Straße tote Russen, Geschütze, Panzer, Traktoren und sonstiges Material aller Art. Furchtbar ist der Anblick der vielen Toten. In allen möglichen Stellungen liegen sie umher. Die Deutschen sind von der Truppe gleich bestattet worden. Ein wahnsinniges Durcheinander muß der Rückzug der Russen gewesen sein. Sie sind in großer Zahl gefallen. Ganze Batterien stehen noch mit dem Rohr nach Westen gerichtet, umher. Sehr viel Munition dazu. Die Geschütze sind alle neu. Sehr viele Autos, Panzer und Traktoren waren ineinander festgefahren und bildeten so für die Anderen ein Hindernis, das in der Eile nicht zu beseitigen war. So mußten viele stehen gelassen werden und fielen unversehrt in deutsche Hand. Die Toten sind sehr verstümmelt und sehen wie verbrannt aus. Die Straße ist gut aber es staubt furchtbar. Nach 5 km halten wir im Walde. Wir machen die Straße frei und beerdigen oder besser gesagt scharren Russen ein. Gefangene haben wir noch keine gesehen. Geschütze sind ganz modern; ebenso Maschinenpistolen und automatische Gewehre. Bewaffnet sind die Russen also sehr gut. Aber wie man sieht hilft´s nicht viel. Eine neue Division geht vor. Das stellt man sich gar nicht vor, was da alles dabei ist. Da kann´s keinen Widerstand von Dauer geben. Der Feind muß sehr weit zurück sein. Es ist kein Schuß mehr zu hören. Nach rechts und links wird von Truppen der Wald gesäubert. Wir legen uns ermüdet und voller Ekel zur Ruhe.

27. JUNI

Vormittags kam ich weit auf dem Schlachtfeld umher, das ist wirklich verheerend. Russen liegen in Massen umher. Ausrüstung aller Art. Überraschend groß ist die Zahl der automatischen Waffen. Die Toten sind infolge der

Hitze schon sehr aufgetrieben und stinken schon. Zum Eingraben muß teilweise die Gasmaske benützt werden. Gegen Mittag marschieren wir weiter. Wir haben die Toten nur, soweit von der Straße aus zu sehen ist, eingegraben. In einem Dorf ca. 5 km Rast. Mitten im Dorf steht ein neuer 70 20 Tank (Panzer) mit zerschossener Raupe. Er selbst hat nur drei Schuß abgegeben, wie an seinem sauber eingebauten Munitionsvorrat zu erkennen ist. So ein Panzer führt große Mengen davon mit sich. In dem Ort bleiben wir über Nacht. Der Bataillons Chef war hier. Es hat etwas gegeben, da anscheinend die

Befehle vom Hauptmann nicht beachtet wurden. Es war ja auch etwas stark, uns mit den Franzosenprügeln ins Gefecht zu führen.

28. JUNI

Mittags mit Lastwagen weiter, Lemberg zu, 22 km. In einer Ortschaft halt, gleich auf die Strecke. Die Rückzugstraße der Russen wird immer verheerender. Sehr viele Geschütze, über einhundert Tank (Panzer) vom leichten bis zum schwersten stehen in allen Lagen umher. Die Straße ist eingesäumt von Toten. Alles mögliche Material liegt in Masse herum. Den Toten sind Schuhe und Stiefel abgezogen, das macht die ukrainische Bevölkerung, die arm an solchen Sachen ist. Wir gehen gleich ans Werk. Löcher graben, Tote sammeln und eingraben. Es ist kaum zu beschreiben, wie sie in der kurzen Zeit schon stinken, aber die große Hitze und die zerfetzten Körper tragen viel dazu bei. Aufgetrieben zum Zerplatzen voll Gase, liegen die Pferde umher. Ihnen wurde der Einfachheit halber die Beine abgehackt um schneller fertig zu werden. Wir sind froh wenn die blutige Arbeit beendet ist. Zum Abschluß kommen abends die ersten drei russischen Flieger mit Maschinengewehr-Feuer, sie werden aber durch die Abwehr sofort vertrieben. Gefangene sieht man noch fast keine.

In dieser Ortschaft, Sklo genannt, haben die Russen aus purer Wut sieben Ukrainer erschossen. Vorhin hat man sie begraben, den Jammer der Frauen kann man sich vorstellen. Die Ukrainer haben in aller Eile Triumphbögen errichtet. Sie sind unendlich froh, daß die Russenherrschaft zu Ende ist. Wir übernachten in einem Hause.

29. JUNI

Vor sieben Tagen hat der Krieg begonnen und jetzt wird schon um Lemberg gekämpft. Den ganzen Tag ist heftiges Bombardement zu hören. Wir sind noch etwa 30 km zurück. Ungezählter Nachschub geht nach vorne. Kolonne an Kolonne, es reißt den ganzen Tag nicht ab. Sehr viele russische Zugmaschinen und Traktoren fahren schon deutsche Granaten. Wir bessern die Straße aus, sie ist in ganz gutem Zustand. Fünf feindliche Flieger möchten gerne nach hinten sehen, aber die sofort einsetzende Abwehr zwingt sie eiligst zur Umkehr. Sie haben Angst. Die Geschütze und Panzer sind alle neu, man sieht, daß sie erst die Fabrik verlassen haben, um nach kurzem Einsatz in deutsche Hände zu fallen. Heute kommen die ersten Meldungen, nun wissen wir wie es vorwärts geht. Den zurückgeführten Gefangenen steht das helle Entsetzen im Angesicht.

Sie haben vor dem Erschießen Angst. Die Offiziere haben alle Kennzeichen entfernt um für Soldaten gehalten zu werden. Da bei ihnen Befehl ist, alle deutschen Offiziere zu erschießen, glauben sie, daß es bei uns auch so ist. Manchen ereilt auch das Schicksal, denn alle politischen Kommissäre werden ja erschossen. Der Kommunismus wird mit Stumpf und Stiel ausgerottet. Wir hören manchmal kurzes Maschinenpistolengeknatter, dann wissen wir was los ist. Es ist die einfachste Lösung, nicht umständlich aber wirksam. Wir werden einige Tage hier bleiben müssen.

30. JUNI

Straße flicken.

1. JULI

Es stimmt, wir können nicht vor. Straße flicken, trotzdem sie nicht schlecht ist. Bei Lemberg muß es sehr heftig zugehen. Wieder müssen wir Tote und Pferde einscharren, ein sehr übelriechendes Geschäft. Die Toten sind zum Teil fürchterlich zerrissen. Ein Russe besteht nur noch aus Unterkörper mit Eingeweiden und tausende von Maden. Von einem Anderen finden wir trotz allen Suchens nur noch einen Teil des Fußes. Hab mir einen Strick besorgt, der wird den Toten um die Füße geschlungen, so werden sie zu einem geeigneten Platz geschleift. Da sieht man was der Mensch ist, ein Haufen stinkender Dreck. Deutsche Gräber sind fast nicht zu sehen, es gab sehr wenig deutsche Verluste. Wieder stehen russische Tanks (Panzer) aller Größen zusammengeschossen umher.

2. JULI

Heut hab ich ein riesiges Waldlager der Russen besucht. Das wurde, gleich nach dem russischen Einmarsch in Polen, angelegt. Kilometerweit zieht es sich Walde hin. Die Ukrainer haben aber schon sehr viel verschleppt. Hier war alles zu finden was man sich denken konnte. Einige ukrainische Häuser werden durchsucht. Sie haben Mehl, Zucker, Tee, Seife und Wäsche in großen Mengen versteckt. Ich nehme Tee, Seife, Zucker und Salatöl für unsere Küche weg, lasse ihnen jedoch von jeder Sorte etwas zurück. Ein armer Teufel vom Nachbardorf bettelt um Mehl umher, aber die geizige Bande gibt ihm fast nichts. Da ich einen Dolmetscher mit dem sehr deutschen Namen Schubert gefunden habe, erfahre ich davon. Ich nehme den Mann mit, zu einem der ziemlich Mehl versteckt hat. Dort lasse ich drei Säcke vom Dachboden holen und noch ein paar Gummistiefel dazu, von denen auch eine Anzahl auf dem Dachboden liegt. Er bedankt sich überglücklich und zieht mit seinen Schätzen ab. Durch den

Dolmetscher erfahre ich auch von einem Kommunisten der Hab und Gut im Stiche ließ und mit den Russen flüchtete. In dessen Stall steht noch eine feiste Sau von 220 Pfund. Die gehört gleich mir und ich verhafte sie für die Feldküche, das gibt willkommene Abwechslung. Mein Hausherr, ein Ukrainer sowie sein Nachbar haben auch fast nichts zum beißen. Daher fahre ich abends noch schnell hinüber, besorge mir fünf Sack Mehl (7,5 Zentner) und die Beiden können für ihre Stuben voller Kinder Brot backen. Auch Heu und Stroh für ihre Kuh nehme ich vom Lager mit.

3. JULI

Morgen Früh 3 Uhr geht's weiter. Nach Lemberg darf niemand hinein, die Russen sollen furchtbar gehaust haben.

4. JULI

Wir sind 35 km marschiert und liegen 4 km vor Lemberg. Fast jeder hat Blasen an den Füßen, auch ich. Mittags hatten wir das Tagespensum erledigt und müde liegen wir in den Scheunen. Wieder umsäumten sehr viele russ. Panzer und sonstige Fahrzeuge den Weg. Drei km zurück liegt ein Flugplatz. Sehr viele zerstörte, halbmontierte und unversehrte Flugzeuge sind in unsere Hände gefallen. In buntem Durcheinander liegen und stehen sie umher. Die wollten wohl alle nach Deutschland fliegen. Der Nachschub war und ist nach vorne ganz ungeheuer. Der Lastwagenstrom reißt nicht ab. Darunter sind schon viele Beutewagen, die jetzt deutsche Granaten fahren. Wir passierten auch schon fast fertige Gefangenenlager, die für die erwarteten deutschen Gefangenen errichtet wurden. Auch ein Zeichen des Friedenswillens der Sowjetunion. Vorerst sind sie allerdings umsonst.

5. JULI

Heute sind wir 31 km marschiert und 10 km gefahren.

3⁴⁵ Uhr früh ging´s durch Lemberg.

War überrascht von der schönen Lage der Stadt. In den Straßen sah man die größten Tanks (Panzer) der Russen, wandernde Festungen, stehen.

Die Russen müssen im Verein mit Juden furchtbar gehaust haben. Man spricht von 8000 auf das grausamste ermordeten Ukrainern. Lebendig gemartert, so wurde eine Frau entdeckt, sie war an ein Scheunentor genagelt, das werdende Kind war herausgeschnitten und mit vier andern Kindern sternförmig um ihr Haupt genagelt. Der Leib war wieder zugenäht worden. So mußte sie verbluten. Das hat sogar ein Kamerad von mir gesehen. Immer noch werden Ermordete gesammelt und begraben. Juden müssen diese traurige Arbeit verrichten, so erzählte uns einer von der S. S. (Schutz-Staffel) Verfügungstruppe. Die Strafe für diese Taten war und wird nach Beendigung der Arbeit sehr, sehr hart aber gerecht sein. Sämtliche erreichbaren Beteiligten wurden gleich erschossen. Die Juden werden nach Beendigung der Arbeit ebenfalls erschossen. Ich habe später Augenzeugen berichten hören, es war furchtbar. Die erbitterten Ukrainer schlugen die Juden buchstäblich tot. Viele wurden der Reihe nach in ein vorher von ihnen selbst gegrabenes Loch gestellt und niedergemäht. So eine Reihe auf die Andere bis das Loch gefüllt war. Juden mußten dann zuscharren und dann selbst das nächste Loch graben. Ich habe von unbeschreiblichen Gräueltaten gehört, die an unseren Verwundeten geschehen sind. Die Strafe dafür kann man sich vorstellen, ich will nicht alles beschreiben. Durch das Viertel in dem das Gefängnis lag, begleitete uns der fast unerträgliche Gestank der Ermordeten. Auf der im Heeresbericht genannten Rückzugstraße der Russen ging es weiter bis Bobrka. Die ganze Straße ist rechts und links flankiert von allen möglichen Fahrzeugen. Gewaltige Stukatrichter (Sturzkampfflieger –Trichter) und viele verbrannte Wagen und Panzer liegen Kilometer um Kilometer an der Straße entlang. Das muß ein Inferno der modernsten Art gewesen sein. In Bobrka sind auch 80 Ukrainer ermordet worden. Das ist die Freiheit der Völker im Sowjetparadies. Wir sind hier in einer Güterverteilungsstelle untergebracht. Es wird allerhand organisiert.

6. JULI

Abmarsch früh 5 Uhr nach Osten, 28 km weit nach Uskowica. Auch hier wieder dasselbe Bild. 14 Familien fielen der Mordgier der Juden und Kommunisten zum Opfer. Überall hausten sie wie Banditen. Eine Gutsscheune diente uns zum Übernachten.

7. JULI

5 Uhr früh weiter nach Südosten, vorbei wie schon tagelang an den fruchtschweren Feldern Ostgaliziens.

Wir passieren Dörfer, an denen der Krieg spurlos vorüber ging. Nur dann und wann ein zurückgelassenes Fahrzeug der Russen erinnert daran. Bei Narajow, nach 23 km kommt uns unsere Autokolonne entgegen, uns nachzuholen. Die eine Hälfte der Kompanie fährt ja immer voraus, dafür haben wir, d. h. die andre Hälfte das Glück, marschieren zu dürfen. Also die Kolonne holte uns ab. Zuvor noch in Blodnja kamen uns eine Reihe netter Mädchen singend entgegen. Da war Dankgottesdienst gewesen für die Erlösung von den Sowjets. Die Menschen sind ja überall so froh, daß wir kamen und die Russen vertrieben haben. 67 km weit sind wir noch gefahren, die Gegend wurde etwas hügelig. Überall rechts und links die riesigen Getreidefelder. Man sieht, hier sind wir in der Kornkammer Europas. Wir hatten leider bald Pech mit unserem Wagen und mußten geschleppt werden. Wir kamen durch die Stadt Bozecany, hier haben die Juden und Kommunisten nach Abzug der Russen 17 deutsche Gefangene in der gräßlichsten Weise umgebracht. Augen ausgestochen, Ohren, Nase und Geschlechtsteil abgeschnitten. Ebenso wurden sehr viele Ukrainer ermordet. Unser Meldefahrer fuhr gerade durch die Stadt, als die erbitterte Bevölkerung die zusammengetriebenen Juden erschlug. Sie machten´s fast so wie in Lemberg. Erst Löcher graben lassen, hineinwerfen und erschlagen, eine Reihe nach der Andern. In Anbetracht der Morde war die Strafe gerecht. Auf der Straße vor Bozecany überholten wir einen Soldaten der einen Juden von ca. 25 Jahren zur Stadt trieb. Das grausige Ahasvergesicht (Ahasver als Personifizierung des „ewigen Juden") aus dem die feige Angst sah, werde ich nie vergessen. Schade, daß ich nur so schnell vorbei fuhr, den hätt ich erschießen mögen. Die Stadt selbst ist sehr stark zusammengeschossen. Ein riesiger Stukatrichter (Sturzkampfflieger – Trichter) mitten in der Hauptstraße. Panzer und Autos liegen wieder in Massen umher. Die Fahrt geht immer weiter. Wir überholen die 98. Jäger, eine endlose Kolonne. Es wird Nacht und unser Ziel ist noch nicht erreicht. Nun fängt es auch noch zu regnen an. Zudem haben die Wagen den falschen Weg eingeschlagen. Es ist empfindlich kühl auf dem Wagen. Wir wenden mühselig in dem fremden Gelände. Dann geht´s überhaupt nicht mehr vorwärts, wir lassen die Wagen stehen und marschieren noch 6 km durch sehr viel Dreck, bis wir endlich früh ½ 2 Uhr ankommen. Alles ist belegt und wir zerren einen Strohhaufen auseinander und jeder bettet sich so gut er kann. Die Kompanie ließ die Quartiere belegen, uns macht es schließlich nichts aus wenn wir im Regen liegen.

8. JULI

Um 6 Uhr erwach ich schon, da ganz durchnäßt, die Morgenkühle sehr spürbar ist. Die Sonne kommt bald durch und trocknet alles wieder ab. Abends bessern wir Straßen aus, doch es hat keinen Wert, da in der Nacht wieder heftige Regengüsse niedergehen. Habe mich mit meiner Gruppe in einem Stall eingenistet, der ist aber nicht wasserdicht und so findet ein Kamerad in der Frühe seine Stiefel halb voll Wasser getropft.

9. JULI

Dieser Ort heißt Sokola.

Den ganzen Tag gehen heftige Regengüsse nieder und die Straße ist vollkommen aufgeweicht. Ein großes Durcheinander entsteht. Die Straße ist 10 km weit mit Fahrzeugen aller Art verstopft. Übermenschliches müssen Mannschaften und Tiere leisten. Da wird endlich die Straße, die keine mehr ist, gesperrt und alles muß Umweg über Tarnopol nehmen. Ich beziehe abends 6 Uhr sechs km weiter zurück Sperrposten. Es regnet noch die halbe Nacht durch sehr stark.

10. JULI

Früh 8 Uhr kommt Ablösung und wir arbeiten uns durch den tiefen Dreck wieder ins Dorf. Der Regen hat aufgehört, die Sonne kommt durch und die Kolonnen gehen langsam nach vorne und nach rückwärts ab. Die Bevölkerung hat große Angst, die Russen würden wieder kommen und wollen auch zurück. Es kostet Mühe, sie zum Bleiben zu bewegen. Lieber tot als nochmals die Russen sagt einer. Der Feind soll von hier schon 150 km weit zurück geschlagen sein. Wir kommen nicht so schnell nach, deshalb fährt die halbe Kompanie mit den Autos wieder weg, falls eilige Arbeit zu verrichten ist. Sie mußten erst sechs km zurück und es bot einen sonderbaren Anblick, wenn so ein schwerer Wagen noch von 30 – 40 Mann am Seil gezogen werden mußte. Das 6 km lange Stück beanspruchte 4 ½ Stunden Arbeit. Wir liegen faul im Dorf und warten auf die pferdebespannte Kolonne, die noch nicht nachgekommen ist. Dann wollen wir wieder weitermarschieren. Ich unterhalte mich mit einem Ukrainer. Er erzählt mir von der russischen Verwaltung. Sie wurden mit Steuern so überlastet, daß der Besitz zwangsläufig in die Hände des Staates fallen mußte.

11. JULI

Heute ist der Troß nachgekommen und wir marschieren mittags 13 Uhr weg. Ein Feldweg führt uns durch endlose Getreidefelder in ein kleines Dorf in der Nähe von Dacharow. 9 km. Hier bleiben wir über Nacht. Wir erhalten von den Ukrainern Eier, Brot und Milch. Hier können wir uns wieder mal satt essen. Die Verpflegung kam in den letzten Tagen auch nicht mehr nach, sodaß Schmalhans Küchenmeister ist.

12. JULI

Früh 6 Uhr machen wir uns wieder auf den Weg – ca. 13 km nach Trembowla. Das ist ein sehr malerisch gelegenes Städtchen ca. 30 km von der alten russischen Grenze entfernt. Hier bleiben wir ein paar Tage. Das ganze Bataillon soll sich hier sammeln. Wir nutzen die Gelegenheit und lassen unsere Wäsche wieder mal ordentlich waschen. Die Front soll von hier schon 400 km weit vorne sein.

13. JULI

Ein sehr schönes Freibad bietet uns Gelegenheit, uns gründlich zu reinigen. Das Wetter ist sehr schön und heiß geworden. Was mit uns werden soll, ist unbekannt. Wir sind mit dem bespannten Troß viel zu schwerfällig und kommen nicht nach.

15. JULI

Immer noch sitzen wir hier. Nach vielem Hin und Her hat man sich entschlossen, zwei

Kompanien mit Autos zu fahren und die beiden Anderen, sowie den Rest der Ersteren nachmarschieren zu lassen. Selbstredend sind wir wieder bei den Marschierern.

16. JULI

Wir setzen uns um 3^{15} Uhr in Bewegung nach Kopjzcin ca. 28 km. Endlose Getreidefelder und kein Haus und kein Dorf dazwischen. Vom Krieg fast keine Spuren. Kopjzcin ist eine mittlere Stadt mit einigen pomphaften Finanzpalästen der Sowjets, von denen uns einer Unterkunft gibt. Im Bahnhof steht ein neuer Panzerzug, der nicht mehr rechtzeitig wegkam.

17. JULI

Gestern Abend erhalten wir noch ein Stück Vergeltung für Lemberg´s Gräueltaten. Um 21 Uhr wurde eine Anzahl Gefangene in den Nachbarhof gebracht. Darunter befanden sich eine Anzahl Juden, die in Lemberg beteiligt waren. Die Wache bestand aus dem ukrainischen Selbstschutz. Die Juden wurden von den Übrigen abgesondert und mußten ihre Stiefel und die ganze Kleidung abgeben. Das wurde verteilt. Inzwischen ist es Nacht geworden. Splitternackt trieb man die Juden in eine Ecke des Hofes wo knietiefer Dreck war. Die Ukrainer hatten sich mir allen möglichen Schlagwerkzeugen bewaffnet und fielen nun über die Juden her. Sie wurden fürchterlich verhauen, sodaß ihnen Haut und Fleisch in Fetzen vom Leibe hing. Das Geschrei war furchtbar. Dann ließ man sie im Schlamm niederknien und mußten singen, was es war weiß ich nicht. Nach etwa einer halben Stunde wurden sie erschossen. Es war heute früh ein grausiger Anblick, die nackten Körper über und über mit Blut besudelt und im Schlamm liegend. Einer röchelte noch. Um 3 Uhr, wir schickten uns gerade an, abzumarschieren, wurden andere Juden mit Spaten bewaffnet, zusammengetrieben. Die mußten ihre Rassegenossen einscharren. Den weiteren Verlauf konnten wir nicht mehr beobachten. Wer weiß, wie dieses Mordgesindel in der Ukraine hauste, kann das alles verstehen. Ich fühlte jedenfalls kein Mitleid. Wir nähern uns Husiatyn, der alten polnischen Grenzstadt gegen Sowjetrußland. Hier haben die Russen sehr harten Widerstand geleistet. Die Stadt ist ziemlich zusammengeschossen. Da mußte jeder Fußbreit Boden hart erkämpft werden. Die Stadt liegt in einer Talsenke, die vom Bruth durchflossen wird. Dieser Fluß bildete die alte russische Grenze. Ein riesiges pomphaftes Säulentor versinnbildlicht den Eingang ins Sowjetparadies. Wir werden nun das wahre Gesicht der U.S.S.R. sehen. Waffen und Fahrzeuge aller Art liegen wieder umher. Die Russen hatten hier eine sehr gute Verteidigungsmöglichkeit und wußten sie auch zu nützen. 80 Gefallene hat die Waffen SS (Schutz-Staffel) hier zu ewiger Ruhe gebettet. Ergriffen stehe ich hier vor den Gräbern deutschen Heldentums. Sind wir bisher durch die ehemaligen Gebiete Polens marschiert, wo noch einigermaßen Privatbesitz möglich war, so ändert sich das mit dem Übertritt ins sogenannte Sowjetparadies mit einem Schlage. Nicht mehr bäuerlich anmutende Äcker, sondern ungeheure, jeden Privatbesitz ausschaltende Getreideflächen künden Kollektivwirtschaft. Elende, halbzerfallene Bauernkaten neben den protzigen Sowjetpalästen der Zivilverwaltung und der Truste (Fabrikgebäude) zeugen für die „Gleichheit und Brüderlichkeit" im Paradies. Hier beginnt wirklich das moderne Sklaventum. Der Stadtteil jenseits der Bruth ist fast menschenleer. Nach den einigermaßen gut genährten Ukrainern des ehemals polnischen Gebietes, sieht man hier halbnackte jammervolle Gestalten weiblichen Geschlechtes. Die Männer sind zum größten Teil weg. Wir kommen ca. 6 km über der Grenze nach Olchowica. Ein halbzerfallenes Dorf mit zwei großen Palästen, die aber belegt sind, ist die erste Sowjetgemeinde, die uns die Segnungen des proletarischen Staates ins rechte Licht rückt. Wir richten uns im Freien ein Zeltlager. Schon zwei Tage lang ziehen auf unserer Straße slowakische und ungarische Truppen den Russen nach. Sie machen einen sehr guten Eindruck. Die Straße ist immer noch verhältnismäßig gut. Auf einer Bahnlinie neben der Straße stehen große Mengen Waggons und Lokomotiven, die den Russen abgejagt wurden. Ein fast unbeschädigter russischer Panzerzug steht im Bahnhof von Kopyczjnce. Vollbeladene Munitions- und Lebensmittelzüge stehen auf der Straße. Ich zähle 17 Züge. Ein sehr großes Bahnhoflager ist vollständig niedergebrannt und raucht noch, trotzdem seit dem Abzug der Russen schon 10 Tage verflossen sind. Marsch 29 km.

18. JULI

3³⁰ Uhr geht´s wieder weiter nach Nordosten. Zahlreiche Überreste des fliehenden Feindes liegen an der Straße. Das Wetter verschlechtert sich und mehrere sehr starke Regengüsse tun unserer guten Laune keinen Abbruch. Wir wollen nach Gorodok ca. 30 km, das wir mittags 13³⁰ Uhr erreichen. Bevor wir in die für uns gedachte Sowjetschule kommen, werden wir nochmals eingeweicht. Das erste große Gut, eine Kollektive, hatten wir zuvor passiert. Es war sehr verwahrlost und die Strohdächer hatten große Löcher. Soll das wohl ein Mustergut gewesen sein? Die Gegend ist hügelig geworden und sogar Felsen waren zu sehen. Drei riesige Kalköfen lagen an der Straße. Hier ist dasselbe Bild, elende halbverhungerte Menschen, zerfallene Häuser und ein paar große Bauten. Sehr viele Juden arbeiten an der Straße. Mit kriecherischen, unschuldig sein sollenden Gesichtern sehen sie uns an. Meister der Tarnung. Eigene und slowakische Truppen liegen hier. Durch hineingeworfene Leichen vergiftete Brunnen mahnen zur Vorsicht. Hier ist wirklich Feindesland. Sechs slowakische Soldaten tranken Milch, die vergiftet war. Sie mußten unter starken Schmerzen sterben. Mit ihnen starben aber auch sofort 130 Juden an Kugeln. Ob´s hilft? Juden müßen die Brunnen auspumpen und die Schule für uns reinigen. Diese Bande spricht überall deutsch, aber in was für einem Dialekt.

19. JULI

Weiter nach Farmolinzy. 36 km. Das Wetter ist trüb, aber es ist gut marschieren.

Zeltlager.

20. JULI

Marsch nach Dunajewzy 35 km. Unendliche Getreidefelder begleiten uns, aber sie sind nicht mehr so schön wie in der polnischen Ukraine. Wieder elende Hütten, am einfallen, keinerlei Garten, dazu armselige Menschen, mit manchmal hoffnungsvollen, aber meistens verbissenen Gesichtern. Es ist überall derselbe Jammer. Hier ist eine große Wollfabrik, aber mit schon längst veralteten Maschinen. Ich werde dem Quartiermacherkommando zugeteilt und fahre also gleich weiter nach Nowa-Uschiza, das heißt sollten wir fahren. Aber ein falscher Weg führte uns nach Kameny-Podolst an der rumänischen Grenze. Eine schöne große Stadt, stark beschädigt. Besetzt von Ungarn, die gerade tüchtig beim „organisieren" sind, darin sind sie Meister. Eine große Brücke zwischen Neu- und Altstadt mit ca. 40 - 45 m hohen Pfeilern ist gesprengt. Die Russen haben nun scheinbar eine andre Taktik eingeschlagen. Bisher waren alle Brücken ganz. Hier wurden am 18. und 19. Juli 15 deutsche und 5 ungarische Soldaten ermordet. Daraufhin wurden 200 Juden erschossen. Wir machen kehrt und müssen wieder bis Dunajewzcy zurück. 68 km Weg umsonst.

21. JULI

Am 21. Juli 5 Uhr ab nach Nowa-Uschiza 40 km. Ein verwahrloster Judenort. Eine große Kaserne lassen wir von Juden reinigen und mit Stroh, das wir von den Dächern verlassener Häuser nehmen, füllen. Kampfspuren sehr wenig, aber alles restlos geplündert. Abends fahren wir nach Ankunft der Kompanie gleich weiter nach Kurilowzy-Murowanyjc 32 km. Die Gegend ist sehr hügelig mit tiefen Tälern. Der Weg steil und schlecht. Viele Pferde waren den Anstrengungen nicht gewachsen und liegen in stummer Anklage gegen die grausame Menschheit in den Straßengräben. Wir haben Glück und erwischen einen ehemaligen Herrensitz.

In letzter Zeit diente das schloß ähnliche Gebäude als Militärschule. Sämtliche Räume starren vor Dreck. Wir richten ein bequemes Lager und ich schlafe nach langer Zeit wieder ohne Kleidung sehr gut.

22. JULI

Die Bunker der Stalinlinie liegen hier, gut angelegt und außerordentlich gut gebaut. Die meisten waren kampflos geräumt. Einer ist gesprengt und der Bruch des Betons läßt sehr gute Arbeit erkennen, das traf ich nicht mal in Frankreich. Früh 6 Uhr holen wir Juden aus den Häusern und lassen Ordnung machen. Stroh kommt wieder von den Dächern. In der Anlage des Schlosses ist das erste laufende Wasser zu finden. Gerade, daß wir bis zum Eintreffen der Kompanie Ordnung schaffen. Man hat immer so riesige Arbeit und ist doch stets nur für eine Nacht. Bei uns ist man in dieser Beziehung sehr verwöhnt. Die Ungarn richten gar nichts, sie liegen hin wo gerade Platz ist. Wann wird wohl mal ein Ruhetag eingeschaltet? Abends 19 Uhr fahren wir wieder weiter nach Interisky 22 km. Hier finden wir wieder eine große Schule und ein Klubhaus. Der

Ort hier ist wieder ganz ukrainisch. Sehr arm ist die Bevölkerung und eingeschüchtert, aber wir freunden uns bald an.

23. JULI

Die übliche Arbeit, Stroh von den Dächern und Ordnung machen. Als ich einigen Frauen erlaube, von der Kollektive Rapssamen und sonstiges aus der Kornkammer zu nehmen, sind sie glücklich und werden zutraulich. Es ist nämlich so, daß überall die Bestände der Kollektive von der Bevölkerung nicht angetastet werden. Sie glauben, die Kommissäre kämen wieder, dann gäb es Sibirien dafür.

So unterdrückt wurden die Leute und jedes Vergehen wurde mit dem Tode oder mit Sibirien bestraft. Viele können´s nicht fassen, daß mit dem Erscheinen der deutschen Wehrmacht die alten Zustände ein für alle mal weggefegt werden. Hier finden wir für ein paar Tage Arbeit. Eine Brücke die, wie jetzt überall, gesprengt ist, muß erstellt werden. Die Brücke selbst dürfen wir nicht machen, sondern nebenan nur eine Behelfsbrücke. Die richtigen Brücken baut Organisation Todt. Ein sehr beachtlicher Viehtransport kommt von vorne. Die Russen haben ja alles Vieh mit getrieben, aber dann und wann gelingt es, ihnen wieder Welches abzujagen. Vor uns befinden sich Ungarn, die haben in diesem Abschnitt die Stalinlinie durchbrochen. Wir bekommen schon lange keine Zeitung mehr. Radio ist kaputt. Post kommt auch sehr selten. Wir erfahren so gut wie nichts.

24. - 26. JULI

Behelfsbrücke 16 Tonnen mit Zufahrtswegen ist fertig.

27. JULI

Es geht am 27. Juli wieder weiter nach Lucincyc 18 km. Regenschauer durchnässen uns wieder fest. Kein

Quartier. Es wird gezeltet. Ich erwische mit meiner Gruppe ein kleines Häuschen und so sind wir im Trockenen. Wieder wird eine große Herde Vieh, lauter schöne Tiere zurückgebracht. Die Russen mußten schneller laufen als das Vieh konnte, so mußten sie es wohl oder übel zurücklassen. Das Wetter bessert sich.

28. JULI

28. Juli früh 5 Uhr ab nach Scarograd 26 km. Überall unendliche Getreidefelder, soweit das Auge reicht, rechts und links der Straße 10 - 15 km keine Ortschaft. Nichts unterbricht dieses Getreidemeer. Wer birgt heuer

diesen riesigen Segen? Im Land der schwarzen Erde ist die Humusschicht 150 - 170 cm stark und sehr fruchtbar. Man kann sich von der gewaltigen Ausdehnung der Getreidefelder kaum eine Vorstellung machen. An einer Ortschaft, die vollkommen verfallen und verwildert war, kamen wir vorbei. Deren Bewohner sind wohl tot oder in Sibirien? Inmitten dieser Fruchtbarkeit ein häßliches Denkmal russischer Wirtschaft.

29. JULI

Am 29. Juli ist nach 22 km Marsch Dczuryn erreicht. Hier sind wieder Juden. Man stumpft allmählich ab. Das Interesse verteilt sich zwischen marschieren, essen und schlafen. Je nachdem die Witterung ist, wird man ziemlich müde. Brennende Fußsohlen gehören ebenfalls nicht zu den Annehmlichkeiten des täglichen Marschpensums.

30. JULI

32 km lang war der Weg nach Rczykol. Wir nähern uns dem Bug. Übernachten tun wir stets in Schulen oder Gutsscheunen. Eine saubere Schule oder ein ordentliches Gut haben wir aber noch nicht gesehen. Das Vieh ist überall weggetrieben. Saatmaschinen stehen noch im Freien herum. Erntemaschinen sind seit

der letzten Ernte total verrostet und Wind und Wetter ausgesetzt. Was noch brauchbar war ist zerschlagen um die Einbringung der neuen Ernte unmöglich zu machen. Die Ställe sind verwahrlost und starren vor Schmutz. Mäuse und Ratten treiben drin ihr Unwesen. Die Dächer sind mit morschem Stroh bedeckt und haben große Löcher, durch die der Regen ungehindert ins Innere kann. Überall ein Bild des Verfalls, so zeigt sich uns Rußland. Wir fangen uns jeden Tag Hühner und holen Kartoffel vom Felde. Eine willkommene Abwechslung zur Konservenmahlzeit.

31. JULI

Am 31. Juli nach 34 km erreichen wir Lulczyn. Das ist eine größere Stadt. Einige neue Straßenzüge und ein großer Volkspark, drum rum lauter Elendsviertel. Große Sowjetpaläste zwischen Elendshäusern. Überall das gleiche Gesicht. Alles ausgeplündert und ausgeraubt. Schmutzige Judenmegären (Megäre = böses Weib) schleichen durch dieses Chaos mit Säcken bewaffnet um noch zu stehlen was zu finden ist. Mir zucken die Finger nach der Pistole. Es wäre eine Auffrischung, diese Tiermenschen niederzuknallen.

Doch die Feldgendarmerie hat gute Maschinenpistolen, die räumen schneller auf damit. Und überdies kosten mich meine Patronen 12 ₰ (Pfennig) das Stück, soviel ist ein Jude nicht wert. Eine große Militärschule dient uns zum schlafen. Einige Viertel sind stark zusammengeschossen. Scheinbar haben sich die Russen wieder stärker gewehrt. Hilft ihnen aber nichts, immer schneller müssen sie zurück wenn sie nicht ganz vernichtet werden wollen. Es gelingt ihnen aber nicht immer, dann bezeichnen wieder Massengräber den Ort ihres Untergangs.

Wann kommt unser wohlverdienter Ruhetag?

1. AUGUST

Am 1. August marschieren wir nach Ladyszyn 35 km. Wieder mal ein verwahrlostes Gut dient uns zum übernachten. Stets dasselbe Bild, man könnte ob so viel Elend und Dreck bald verzweifeln. In einem kleine Fluß, der nach 2 km in den Bug mündet ist gut baden. Mit Wonne lieg ich ins Wasser. Gut, daß alle russischen Flüsse braun und trüb sind, sonst müßte das Wasser von unserem staubigen Körper Farbe annehmen.

2. AUGUST

Am 2. August überschreiten wir den Bug. Ich hab ihn mir

größer vorgestellt. Nach 37 km erreichen wir Lolyczja-Mazulka. Es war sehr heiß und schwül und wir sind dementsprechend müde. Ein Gut, noch trauriger als die vorhergehenden beherbergt uns. Am Bug hatten die Russen wieder größere Stellungen gehabt und nicht behalten. Das Getreide ist jetzt überall reif und wird von vielen Frauen mit Sicheln geschnitten und zu Mandeln zusammen gesetzt. Viele Hände bringen auf diese alte Art auch was zuwege. Morgen erreichen wir wieder die Hauptvormarschstraße.

3. AUGUST

Am 3. August nach 25 km Marsch kommen wir nach Taczlyk-

Krcawy. Wir haben uns eine Zeit lang auf der Straße nach Uman befunden und sind nun umgeschwenkt auf den Weg nach Odessa. Ca. 250 - 280 km sind´s bis dahin. Wir erhalten hier überraschender weise einen so dringend notwendigen Ruhetag. In einem saalartigen Raum betten wir uns auf vom nahen Felde geholten Weizengarben. Morgen ist also Ruhetag.

4. AUGUST

Erst um 6 Uhr steh ich heut auf und rasiere mich. Wie schön ist „Ruhe"!

5. AUGUST

35 km lang war der Marsch nach Ladychjnka. Hier sind wir der Front schon wieder näher. Links

von uns ist die Schlacht von Uman im vollen Gange. Artillerie ist zu hören und bei Nacht gut zu sehen. Eine große Zuckerfabrik ist in der Nähe. Da muß ich hin. Mit vieler Mühe bekomme ich von der Kolonne ein Auto und ich fahre los. 11 km nur und die Fabrik des süßen Stoffes liegt vor mir. Kam gerade zur rechten Zeit. Morgen wird der Zucker, ca. 7000 Doppel-Zentner vom H. V. A. (Heeresverpflegungsamt) übernommen und dann wär nichts mehr zu holen gewesen. Also ich lade 42 Zentner auf und fort geht´s damit. Die ganze Kompanie freut sich, als ich mit Hilfe zweier Kameraden jedem Zucker verteile so viel er will. 10 Zentner geb ich der Küche, der andere wird ausgeteilt. Ein Doppel - Zentner bleibt mir übrig, den lade ich auf einen Wagen. Nun sollte man meinen, jeder hat Zucker genug. Aber am andern Tag war aus dem Sack 1 ½ Zentner gestohlen. Es kam nur einer von uns in Frage. Und der soll ersticken dran. Mußte am Abend noch zum Chef wegen des Zuckers. Eine sehr erregte Auseinandersetzung war die Folge. Ich zog aber nicht den Kürzeren. Da hat man sich getäuscht, ich krieche nicht.

Die Maschinen der Fabrik sind von der kommunistischen Arbeiterschaft restlos vernichtet worden.

6. AUGUST

Am 6. August Früh 4 Uhr Abmarsch. Wir mußten aber nach 18 km umkehren, denn die Russen haben kurz vor uns den Ring durchbrochen. Wir sehen ihre Panzer fahren. Wir gehen also zurück. Artillerie und Flak (Fliegerabwehrkanone) feuert was raus geht. Nur ein paar Panzer kommen durch. Wir marschierten wieder bis Ladychjnka zurück. Verschiedene Nachrichten kommen, was alles wahr ist, weiß ich nicht. In den

Ort wo wir hin sollten sind die Russen eingedrungen. Es soll ziemlich Verluste geben. Die Russen kämpfen ganz tierisch. Wenn ein Deutscher fiel, so war das noch nicht genug, es wurde dem Toten noch der Hals mit dem Seitengewehr durchstoßen. Die Ungarn vergelten solche Sachen ziemlich drastisch. So wurden 300 Russen an einen geeigneten Platz getrieben und niedergemäht. Die sollen sehen, daß bei uns alles vielfach vergolten wird. Wir haben 36 km umsonst gelaufen. 1000 km sind nun voll.

7. AUGUST

Am 7. August bleiben wir noch

liegen und am

8. AUGUST

8. August ging´s auf Umweg nach Jusjefowka 28 km. Eine Gutsscheune diente wieder zum übernachten.

9. AUGUST

Weiter nach Swjrnyefada. 25 km. Zeltlager

10. AUGUST

20 km nach Bsuchor-Taschlyk, ebenfalls Zelt. Kampfspuren sind nirgends mehr zu sehen.

11. AUGUST

In Olyczanka wurde nach 16 km ein Zeltlager errichtet. Hier war eine Deutsche (Kreitmeier aus Tandern bei Aichach, siehe Anhang) mit einem früheren russischen Kriegsgefangenen verheiratet. Sie war schon 16 Jahre am gleichen Ort. Ihr Mann seit

NACHTRAG

Durch Nachforschung konnte ich noch Verwandtschaft der Frau Maria Kreitmeier aus Tandern ausfindig machen und habe dadurch den russischen Familienname Semlianov ihres Mannes erfahren.

4 Jahren in Sibirien, ebenso viele Ortsbewohner wegen angeblicher gegenrevolutionärer Gesinnung. Sie erzählte ganz unglaubliche Sachen von den Zuständen in Rußland. So wurde dem Dorf im Jahre 1930 von mißgünstigen Kommisären die gesamte Ernte weggenommen. Sie mußten Gras und im Winter Baumrinden kochen. Sehr viele Dorfbewohner starben an Hunger. Die Frau war Schweinemagd und der Mann Arbeiter auf einer Kollektive. Da verdienten sie pro Jahr 1000 Rubel. Aber Geld sahen sie nie. Alle Lebensmittel mußten sie vom Gut beziehen, auch

das Fleisch von umgestandenen Tieren wurde ihnen gegeben. Selbst die abgelegte Kleidung der Kommisärsfrauen wurde ihnen aufgehängt. Und das alles zu überteuerten Preisen, sodaß sie am Ende des Jahres, statt Geld zu bekommen, noch schuldig waren. Kaffee, Zucker, Tee und sonstige Dinge waren seit Jahren gar nicht zu haben. Da ich noch Zucker habe, gab ich der Frau 10 Pfund. Ich erzähle meinen Kameraden davon und welch ein Zufall, darunter befand sich Hörl (siehe Anhang), der aus Tandern stammte und die Frau kannte. Ich führte ihn zu der Frau. Sie konnte sich ebenfalls an ihn er-

---

NACHTRAG

Ebenso habe ich auch Kontakt zu der Familie des Kameraden Hörl aus Tandern bekommen, aber leider war das nur die Familie des Bruders des Kameraden Hörl, der in Norwegen im Krieg war.

Der andere Teil der Familie ist vor vielen Jahren weggezogen und ich konnte niemanden ausfindig machen, da keinerlei Kontakt innerhalb der Familie besteht.

innern und nun ging´s erst an ein Fragen und Erzählen. So erhielten wir genaue Kunde vom „Paradies". Die Leute wagen von Stalin nur als vom „unser Stalin" zu sprechen. Sie konnte es nicht fassen, daß das Regime nun ein Ende haben soll. Wir fragten auch, was die Russen von uns sprechen. Sie erklärte, daß sich die Russen nicht genug wundern konnten über unser gutes Aussehen, unsere Größe, Waffen, Flugzeuge, kurz über die gesamte Wehrmacht. Man erzählte ihnen doch stets, daß in Deutschland Arbeitslosigkeit und Hunger herrschte und daß wir ein volkommen heruntergekommenes Volk seien. Sie dagegen im freien Arbeiterstaat lebten viel besser. Na, das haben wir ja nun zur Genüge gesehen.

Seit zwei Tagen bin ich wieder bei den Quartiermachern und alles andre als erfreut. Stundenlang suchen und oft umsonst, wenn alles belegt ist. Es sind ja riesige Truppenmassen in Bewegung.

12. AUGUST

Am 12. August geht's nach Lysajn Gora 21 km. Viele Juden sind hier. Wir finden gutes Quartier.

13. AUGUST

Weiter am 13. August nach Restschanyj-Brod 35 km. Wir sind allmählich draufgekommen, daß man uns mit der Entfernung zwischen den Orten stets belog, sodaß die angegebenen km nie stimmen. Warum, das weiß ich nicht. Der Kilometerzähler des Wagens brachte uns darauf. Am 13. August abends weiter nach Nowo Ukrainka 18 km. Eine Nacht, aber alles überfüllt. Zeltlager. Die Autokolonnen reißen nicht ab. Riesiger Nachschub geht wieder nach vorne. Erst sollten wir nach Pomoschnaja, wurden aber wieder zurückgerufen. Hier bleiben wieder 14 beladene Eisenbahnzüge stehen und auch die Lagerhäuser waren mit allem Möglichen gefüllt.

14. AUGUST

Am 14. August nach Rownoje 18 km. Hier machten wir umsonst Quartier, da die Kompanie nicht nachkam und am 15. dann durchmarschierte und 8 km weiter zeltete.

15. AUGUST

Am 15. fuhren wir weiter nach Stokolowskyn 32 km. Auch hier haben wir vergebens gearbeitet, da die Kompanie in Nary Danzig blieb. Das war eine deutsche Siedlung.

16. AUGUST

Am 16. August weiter nach Kirowograd 8 km. Eine Stadt von 130000 Einwohnern. Ziemlich modern gebaut sogar Trambahn ist vorhanden. Hier zogen die Russen schon drei Tage vor Eintreffen der Deutschen ab. Wie überall, nahmen sie auch hier mit was mitzunehmen war. Das übrige wurde, wie gewöhnlich, vernichtet. Verschiedene Stadtteile sind wohl durch Bombentreffer ausgebrannt. Wir zelten im Stadtpark ca. 3 km von der Stadt entfernt. Die Stadt sowie die ganze Umgebung liegt voller Truppen. Es sind Deutsche, Ungarn, Rumänen und Italiener hier. Die Hauptvormarschrichtung in das Industriegebiet um das Schwarze Meer geht von hier aus. Wir bleiben hier bis zum 21. August liegen. Der

Park ist sehr schattig. Das ist gut, denn es ist sehr heiß. Bis 39 Grad im Schatten hat es. In der Nacht ist sehr starkes Aufblitzen der Artillerie in Richtung Odessa zu sehen. Nikolajew und Odessa stehen im Brennpunkt des Kampfes. Um die Stadt liegen drei große Flugplätze. Unaufhörlich sind die Maschinen in der Luft.

21. AUGUST

Am 21. August geht´s wieder weg. Ein abseitsgelegenes Nest, dessen Name nicht ermittelt werden konnte, sollte uns aufnehmen, doch die Kompanie kam wieder mal nicht und die Arbeit war für die Katz. Die Kompanie zog 8 km weiter weg in ein Sägewerk.

Der Ort, direkt an der Bahnlinie Kirovograd-Nikolejew, heißt Michajlowka. Eine verlassene, verwanzte Arbeitersiedlung dient uns zur Unterkunft. 51 km von Kirowa entfernt. Das Wetter ändert sich und nach der Hitze wird es gleich empfindlich kühl. Das Quartiermachen bereitet uns auch nur Ärger, da die Kompanie nun schon öfter woanders landet und somit die ganze Arbeit umsonst ist. Aus dem Sägewerk liefern wir Holz zum Brückenbau über den Dnjepr. Nebenbei werden Straßen geflickt, die gefaßten Russengewehre gereinigt und schön nach dem

Kasernenhofdrill Schießvorschule geübt. Dienstappell und so weiter ist alles dabei. Das sollte am 27. August dem zweiten Jahrestag des Kriegsbeginns, dem Herrn Leutnant Kamm, der sich für diese Sachen besonders verdient machte, zum Verhängnis werden. Schon mehrmals wurde er darauf aufmerksam gemacht, daß wegen Fliegergefahr Vorsicht am Platze sei. Aber man darf doch nicht so ängstlich sein.

27. AUGUST

Am 27. August früh 7 Uhr treten wir wie gewöhnlich zum Dienstappell an. Kaum standen wir in Reih und Glied, als drei Flugzeuge in gerader

Richtung auf uns zu flogen. Erkennen konnten wir sie nicht. Doch einigen von uns kamen sie verdächtig vor. Feldwebel Gabler riet dreimal, in Deckung zu gehen. Da verschwanden wir endlich vom Präsentierbrett. Leutnant Kamm war eben im Anmarsch und noch ca. 50 m von uns weg. Ich begab mich in die Nähe einer Mauer, war aber noch nicht dort, als Maschinengewehr-Garben herab prasselten und ein unheimliches Brausen die Luft erfüllte. Ich duckte mich schnell an die Mauer und sah noch wie Leutnant Kamm davon rennen wollte. Da, ein grausiges Krachen durchschnitt die Luft und Erde, Dreck und Splitter flogen uns um die Ohren. Das Schmerzensgeschrei Leutnant Kamm´s brachte uns zur Besinnung. Er lag 7 m von der Einschlagstelle einer Bombe entfernt am Boden. Sie muß unmittelbar neben ihn in den Boden gehauen und ihn zur Seite geschleudert haben, wo er schwerverletzt liegen blieb. Nach Anlegung eines Notverbandes wurde er sofort wegtransportiert, starb aber auf dem Weg ins Lazarett. Ein Russe und eine Frau waren ebenfalls tot in nächster Nähe. Es war ein Glück, daß trotz der mangelhaften Deckung, die wir hatten, nicht noch weitere Opfer zu beklagen waren. Nebst zwei 50 kg Bomben, warfen sie eine größere Anzahl kleiner Sprengbomben ab, die ein gutes Stück über die Ortschaft verstreut, aber keinen Schaden anrichteten. Flak befindet sich nirgends in der Nähe, sodaß die Bomber ungehindert ihre verderbenbringende Last abwerfen konnten. Wir haben nur Russengewehre und die befanden sich in der Unterkunft. Wir haben kein Glas (Fernglas), so sind wir gezwungen, vor jedem auftauchenden Flieger in Deckung zu gehen. Ein niederträchtiges Gefühl ist es, wehrlos am Boden zu liegen und zu warten, wo die Fetzen hin fliegen. Woran es liegt, daß wir kein Glas (Fernglas) und auch keine deutschen Waffen haben, ist mir unbekannt. Dienstappell ist jetzt abgeschafft.

28. AUGUST
Um dieselbe Zeit kamen die drei Bomber wieder die Bahnstrecke entlang, von Zeit zu Zeit Bomben werfend. Eine Kolonne ca. 1 ½ km entfernt, bewerfen sie auch, trafen aber nichts.

29. AUGUST
Wir warten auf unseren Morgenbesuch und pünktlich 730 Uhr sind sie hier. Bomben fallen aber weiter entfernt.

30. AUGUST
Wieder zur selben Stunde die gleichen drei.

31. AUGUST
Nun erschienen sie sehr

planmäßig, doch die Bomben fallen weiter entfernt nieder. Nun wär's bald Zeit, daß wir wegkommen. Wirklich, heute fahren wir noch weg. 120 km vor nach Proletarka. Wir sind froh, dieser Ortschaft entronnen zu sein. Zeltlager.

1. SEPTEMBER

Am 1. September kommt die Kompanie nachts nach uns. Am 2. September Früh geht's wieder weiter nach Deryewka, 5 Minuten vom Dnjepr entfernt. 40 km. Hier empfing uns ein wahres Höllenkonzert. Artillerie schießt mit allen Rohren über den Fluß. Man versteht sein eigenes Wort nicht mehr. Wiederholt kommen in kurzen Abständen Flieger, aber sie werden heftig beschossen und drehen sofort ab. So wird es ganz lustig werden. Wir bauen unsere Zelte zwischen den Batterien. Ein Teil von uns muß gleich Straße flicken zur Brücke.

3. SEPTEMBER

Ich hatte mein Lager zwischen zwei Bäumen in die Erde gegraben und ringsum noch angefüllt. Um ½ 2 Uhr früh hörten wir Motorengebrumm. Die Scheinwerfer hatten schon den Flieger im Kreuz, da stieg ein wundervolles Feuerwerk zu Himmel. Aus allen Richtungen führen die Leuchtspuren nach dem Flugzeug. Da ist´s plötzlich als ob das Licht im Flugzeug angedreht wurde. Es brennt. Ein Feuerschweif vom linken Teil, dann nach verstärkter Beschießung brennt das ganze Flugzeug, man sieht vier leuchtende Fallschirme zur Erde schweben. Das Flugzeug macht noch eine Schleife und stürzt dann mit einem langen Feuerschweif zu Boden. Etwa vier km von uns entfernt, erfolgt der Aufprall. Das Geräusch war sehr gut zu hören. Wie ich später die Überreste besichtigte, überlief mich ein Gruseln. Drei Flieger, verbrannt und gebraten lagen zwischen den Trümmern. Es war ein viermotoriger Martinbomber, fand hier sein Ende. Er hatte 45 m Flügelspannweite. Das Metall war zum Teil geschmolzen und lag in großen Tropfen umher. Es ist schaurig schön, sowas sehen zu können. Sechsmal kamen in dieser Nacht Flieger und ebenso oft sah ich das Feuerwerk. Gegen Morgen wurden noch zwei abgeschossen, wir konnten´s aber nur zum Teil sehen.

3. SEPTEMBER

Während der Nacht ging sehr viel Verkehr über den Dnjepr. Vormittags Artilleriefeuer etwas gemütlicher als am Vortage. Vereinzelt kommen Flieger, sie mußten aber sofort abdrehen. Gegen Mittag wollten elf auf einmal zur Brücke, mußten aber infolge des starken Beschusses ebenfalls vorzeitig wieder umkehren. Die Bomben warfen sie wahllos über's Gelände. Gegen ½ 5 Uhr nachmittags flog unvermutet eine feindliche Granate über uns hinweg und detonierte ca. 800 m hinter uns. Ein feindlicher Panzer war drüben über der Höhe aufgetaucht und sandte seine Visitenkarte zu uns. Wir dachten erst, es setzt nun die Beschießung ein, aber es blieb beim Versuch. Ich war auch Zeuge deutscher Fliegerangriffe. Zwölf Stuka (Sturzkampfflieger) von vier Jägern begleitet, flogen die feindlichen Stellungen an. Wir konnten sehr gut den ganzen Verlauf verfolgen. Feindliche Flak (Fliegerabwehrkanone) schoß, aber unbekümmert setzten die Stuka´s (Sturzkampfflieger) zum Angriff an. Einer nach dem Andern stürzten sich auf die ausgesuchten Ziele. Zweimal stürzte sich jeder herab. Ungeheure Rauchwolken stiegen zum Himmel. Die Flak schoß nicht mehr. Alle kehrten unversehrt zurück. Einmal flogen dreißig hinüber. Da sah man ebenfalls keine Flak mehr schießen. Die Sprengwolken verdunkelten den halben Horizont. Sie müssen furchtbar gehaust haben. Eben schießt unsere

Flak wieder auf einen Russen. Es ist keine Minute am Tag Ruhe. Habe mir mein Loch vertieft, sodaß ich nun ganz unter dem Erdboden schlafe.

4. SEPTEMBER

Die Nacht war etwas ruhiger, nur zweimal warfen die Russen Bomben, doch weitab von der Brücke. Wir bessern eine Zufahrtstraße zur Brücke aus. Neben der Straße haben wir Splitterlöcher gegraben, die wir auch vier - fünfmal aufsuchen müssen. Aber die Brücke treffen sie nicht.

5. SEPTEMBER

Die Nacht war unruhiger 2 - 3 Stunden fallen Bomben, doch meist weitab vom Ziel. Früh, mittags und abends heftige

Bombenangriffe, die aber noch heftiger abgewehrt werden. Wir sitzen in den Löchern und sehen zu.

6. SEPTEMBER

Die Nacht über langandauernde Angriffe mit viel Bomben. Erfolg gleich Null. Am Tag kamen sie alle Augenblicke. Von allen Seiten versuchen sie an die Brücke zu kommen, sogar von hinten kamen Welche. Die Flak läßt aber keinen ran. Einer will´s nicht glauben und muß es selbstverständlich büßen. Mittags kommt ein großer Aufklärer. Erst beschießt ihn die leichte Flak und wie er über uns ist setzt die Schwere ihre Salve ihm direkt vor die Nase. Wie ein Stein fällt er aus ca. 3500 m Höhe zur Erde. Wieder schweben 4 Fallschirme hernieder. Um 16 ½ Uhr waren sechs Bomber über uns. Die Explosionen der Bomben und Granaten waren sehr stark. Ich sehe vier schwere Bomben ins Wasser fallen. Das war ein interessanter Anblick, das Wasser stieg mindestens 50 - 60 m in die Luft. Meterlange Fische schwammen tot den Dnjepr hinab. Unmittelbar an der Brücke sauste auch eine ins Wasser. Ein Toter und ein paar Verletzte waren das Opfer. Die Brücke ist ganz. Abends 7 Uhr wieder ein heftiger Angriff. Wieder sechs Bomber fliegen auf die Brücke zu. Doch schon stürzt Einer getroffen ab. Die Andern werfen im Notwurf ihre Last ab und hauen ab.

7. SEPTEMBER

In der Nacht ist der Troß nachgekommen. Ich bin auf Brückenwache. Gegen 23 Uhr geht der Tanz los. Es ist sternhell und der Mond scheint. Die Flieger kommen in sehr großer Höhe angeflogen und werfen auch aus dieser Höhe ihren Mist ab. Die Abwehr kann sie nicht erreichen und schweigt. Die Brücke wird eingenebelt und ist von oben bestimmt nicht mehr zu sehen.

Die Bomben fallen auch wahllos ins Gelände. Um 2 Uhr geh ich heim in mein Erdloch, doch an Schlaf ist nicht zu denken. Bald nah, bald fern schlagen die Bomben Löcher in die Luft. Gegen drei Uhr kommt Einer direkt auf uns zu. Schon hört man das Sausen der Bomben, 3 – 4 - 5 Explosionen und vier Kameraden erfüllen die Nacht mit ihrem Schmerzgeschrei. Ca. 100 m von mir entfernt, lagen sie in einem Strohstadel. Direkt am Tor schlug eine kleinere hochbrisante Bombe ein und die vier waren das Opfer. Schwerverletzt wurden sie abtransportiert.

Am Abend wollten drei Unteroffiziere, darunter auch ich, in den Stadel ziehen. Aber mir war es zu finster drin und so unterblieb das Umziehen. Nun hatte aber doch die Kompanie genug und wir bezogen 9 km zurück ein andres Quartier. Hier konnten wir endlich wieder schlafen. Den ganzen Tag über war äußerst heftiges Artilleriefeuer zu hören. Die Russen werden sturmreif geschossen.

8. SEPTEMBER

Wir haben gut geschlafen und fahren mit Autos an die Arbeit zur Brücke. Es ist heute sehr ruhig, keine Artillerie ist zu hören. Jetzt ist´s Mittag

13³⁰ Uhr und noch kein Flieger ließ sich sehen. Die Brücke wird für schwere Panzer befahrbar gemacht. Jeder ist nervös und horcht nach allen Seiten. Aber nur unsere Jäger sind es, die Sperre fliegen. Der Himmel ist bewölkt. – Ich hab das Buch noch nicht ganz verpackt gehabt, als drei Russen aus den Wolken stießen auf die Brücke zu. Die Flak schießt und eine Menge kleiner Bomben fielen in der Gegend umher. Zwei Jäger setzen sich sofort hinter den Feind, hoffentlich mit Erfolg. Froh, daß es so schnell zu Ende ist, steigen wir aus den Löchern, doch wir haben zu früh gelacht. Schon wieder kommen Welche, diesmal im Tiefflug den Dnjepr aufwärts. Eilig verschwinden wir wieder in den Löchern, während die Flak ein mörderisches Feuer den Fliegern entgegen schießt. Ein Bomber schwenkt sofort aus. Aha, getroffen. Mit Mühe kommt er ans andre Ufer. Die beiden Andern treffen wieder nichts. Nun kommt ein Gewitter, es regnet in Strömen, zudem sind Russen in der Luft. Flugzeuggeräusch, Donnergrollen, Flak und Bombenexplosionen. Wir müssen in den Löchern bleiben 1 ½ Stunden lang. Einige kleinere Bomben bersten in allernächster Nähe. Doch Schaden wird weder hier noch an der Brücke angerichtet. Ich bin froh als um 17 Uhr die Autos kamen und vollkommen durchnäßt fahren wir nach Hause. Zuvor kamen noch die beiden Jäger zurück. Einer „wackelte" das Zeichen für Abschuß. Wie schön kommt uns unser Stall vor, in dem wir wohnen.

9. SEPTEMBER

Das Wetter ist sehr trübe, wir arbeiten mit Ablösung. Die Straßen sind stellenweise mit 30 - 50 cm Wasser bedeckt. Aber viele Hände schaffen durch Abflußgräben bald Abhilfe. Der Vormittag vergeht ruhig und um 12 Uhr fahren wir heim. Das Wetter ist etwas besser geworden. Wir erfahren daß einer der Schwerverletzten gestorben ist. Schade um jeden, der auf diese Weise sein Leben verliert. Gestern sind in diesem Abschnitt 23 Abschüße erzielt worden. Das ist gut, es wird doch etwas leichter.

10. SEPTEMBER

Das Wetter bessert sich, der Sandboden saugt das Wasser schnell auf und es wird wieder trocken. Panzerverbände überschreiten den Dnjepr, die Offensive geht weiter. Man hört sehr starkes Trommelfeuer. Flieger sind auch heute wieder hier.

11. SEPTEMBER

Die ganze Nacht sind Panzer und Sturmgeschütze hinüber. Es sind schon 2 Divisionen mit ca. 500 Panzern drüben. Das

Artilleriefeuer, das gestern an der ganzen Front zu hören war, ist verstummt. Nur die Stuka´s die ununterbrochen fliegen, lassen ahnen, was drüben vor sich geht.

12. SEPTEMBER

Wieder ist eine Div. Panzer durch. Es soll sehr schnell vorwärts gehen. Wetter ist gut. Russenflieger wie stets.

13. SEPTEMBER

In aller Früh starkes Flakfeuer, es setzt plötzlich aus und schon stürzen sich unsere Jäger auf die Russen. Interessant zum beobachten. Hier stürzt Einer ab, dort brennt ein Andrer. Sechs feindliche Bomber, sechs Abschüße. Drei durch Flak , drei durch Jäger, sogar ein Jäger der zu früh angriff, mußte durch Flaktreffer zu Boden. Dem Piloten ist nichts geschehen. Die Flugzeuge brennen immer sehr schnell, einige Maschinengewehr-Stöße und schon brennt es. Wir haben heute frei und ich benütze die Gelegenheit und fahre einem abgeschossenen Flieger nach. Doch 14 km weit ist´s bis zur Absturzstelle. Einem Russen riß es in der brennenden Maschine das Bein weg. Dennoch gelang es ihm, sich mit Fallschirm herausfallen zu lassen. Ein schauriger Anblick, er lag auf einem Panzerwagen, war bei Bewusstsein und hielt den Beinstumpf mit beiden Händen fest. Der Stumpf war ganz verbrannt und blutete nicht.

14. SEPTEMBER

Sonntag ist´s und wir marschieren über den Dnjepr

nach Petrowka ca. 20 km. Nun sind wir endlich von der Brücke weg. Die ging allmählich jedem auf die Nerven. Hier wird wieder Straße geflickt, die befindet sich in einem furchtbaren Zustand. Wir verlegen sie zum Teil aufs Feld. Das Wetter ist schön und so ist bald besser fahren. Die Landschaft ist wellig und die Bevölkerung womöglich noch ärmlicher als drüben. Gesichter maschinenmäßig gleich, ohne Lachen, Leben oder sonstige geistige Regung. Überall der gleiche stumpfe, hoffnungslose Ausdruck. Sie haben nur die Form mit den Menschen gleich alles Andre ist vertiert. So sahen die 20jährigen wie 40jährige aus. Das ist der Erfolg des Sowjetregimes. Ich sah mal im Film Dante´s Hölle. Die Verdammten dieser Hölle leben alle hier. Meine Lagerstatt ist in einem Keller. Liege sehr weich auf 1 m Stroh und bin dennoch 1 m unter der Erde. Über mir ein sehr dickes Schilfdach.

20. SEPTEMBER

Das Wetter ist gut. Vor Fliegern haben wir Ruhe. Nur einmal fielen in 3 km Entfernung Brandbomben auf ein paar Häuser, dort haben sie Licht gesehen. Gefangene werden vorbei geführt. Es sind 17 + 45 jährige darunter. Das Kesseltreiben ist wieder im Gang. Es ist interessant zu beobachten wie so ein Kreis entsteht. Da werden ein paar Keile in einigen hundert km Entfernung in das feindliches Hinterland getrieben. Dort treffen sie aufeinander und der Ring wird geschlossen. Natürlich so einfach ist´s nicht. Was da Arbeit, Blut und Schweiß dranhängt, ist nur zu ahnen. Der eiserne Ring schließt sich stets fester und enger bis die Eingeschlossenen erdrückt sind.

21. SEPTEMBER

Wieder ist´s Sonntag und wir fahren weiter über Ssalonka 20 km,

22. SEPTEMBER

am 22. nach Fosiffof 35 km, alles in nördlicher Richtung. Hier ist eine Armeenachschubstraße arg in Nöten. Doch wir werden ihr schon zu Leibe gehen. Das Gebiet wird sumpfig und ist überall gleich armselig. Wir gewöhnen das allmählich auch. Die Kompanie hat Läuse bekommen.

Ich bin noch frei davon. Wie lange? Das Wetter ist trüb, aber trocken, nachts wird es schon empfindlich kühl.

23. SEPTEMBER

Es klärt auf und gleich gibt´s sehr viel Staub. Der starke Verkehr macht das Arbeiten nicht gerade angenehm. Ein Jäger hat heute ein feindliches Flugzeug zum Landen gezwungen. Er kreiste wie ein Habicht und stieß auf den Feind herunter jedes mal eine Maschinengwehr - Garbe in das Flugzeug jagend. Nach 4 oder 5 maliger Wiederholung brannte es schon. Wir konnten´s sehr gut sehen. Ich bewohne mit einem Kameraden ein ganzes Haus, dessen Besitzer zog es vor, mit den Russen zu gehen. Habe mich ganz gemütlich eingerichtet.

24. SEPTEMBER

Heute zogen 2 Divisionen vorbei. Zeitweise war vor Staub nichts mehr zu sehen. Will sehn wie lange es noch so geht. Man sagt allgemein vom baldigen Ende der Russen. Post kommt sehr wenig und ich rauche den Tabak von den Feldern.

29. SEPTEMBER

Jeden Tag geht´s so weiter. Kolonne nach Kolonne zieht vorbei. Auch wir machen einen größeren Sprung bis Poltawa noch 4 km darüber hinaus. Ca. 120 km. Poltawa ist eine Stadt von 180000 Einwohnern. Viel Schönes konnte ich bei der Durchfahrt nicht sehen. Ziemlich große Brandherde zeigten, daß der Kampf um die Stadt sehr heftig war. Wir beschäftigen uns mit dem ausbessern der Straße, die nach Garkow führt. Zeitweise ist der

Nachschubverkehr so stark, daß nicht gearbeitet werden kann. Flieger zeigen sich auch wieder, doch Flak und Jäger sind auf der Hut.

6. OKTOBER

Jeder Tag bringt neue Arbeit. Schwere Artillerie nimmt die Straße am ärgsten mit. Wir haben 125 Gefangene bekommen, die sind bei der Arbeit meiner Obhut anvertraut. Es ist ein buntes Durcheinander. Von allen Völkern Rußland´s sind ein paar Vertreter dabei, alt und jung. Sie haben riesigen Hunger und verschlingen alles was ihnen unter die Hände kommt. Arbeiten tun sie ganz gut. Am ersten Tag sind schon zwei durch die Lappen gegangen, nun werden die Zügel etwas straffer angezogen. Wir liegen in einem paar Häuser an einem sumpfigen Walde, in dem noch viele Russen unbegraben herumliegen. Niemand kümmert sich um dieselben. Andre wieder liegen notdürftig verscharrt im Boden. Kein schöner Anblick für zarte Gemüter, wenn plötzlich eine Hand oder ein Stück Uniform aus der Erde hervor lugt. Namenlos, heimatlos und vergessen liegen so ungezählte Tausende, von denen doch jeder einst eine sorgende Mutter gehabt hat. Los der Besiegten. Nächstes Jahr wird Gras drüber wachsen und niemand ahnt, was drunter verborgen ist. Sie sind ausgelöscht auf der Erde.

2. OKTOBER

Am 2. Oktober hat die letzte große Entscheidungsschlacht dieses Jahres begonnen. Wir hörten den Donner der Geschütze sehr gut. Ununterbrochen dröhnte es ein paar Stunden lang. Dann begannen Scharen von Stuka´s ihr verderbenbringendes Werk. Es ist grausig das zu sehen. Eine Menge von Panzern überfährt dann alles was noch übrig bleibt und die Wirkung der grausigen Waffen, die sie mitführen, haben wir schon ein paar mal gesehen. Gegen das gibt's keinen Widerstand, was zurückbleibt sind Tote, denen noch das Grauen vom Gesichte zu lesen ist. Gegen diesen Feind muß auch die schrecklichste

Waffe als gerecht angesehen werden.
Das Wetter ist kalt und stürmisch, mitunter regnet es. Wir müssen dringend noch ein paar Wochen gutes Wetter haben, sollte die letzte Schlacht heuer noch gelingen.

7. OKTOBER

Ein paar unsanfte Bomben wecken uns aus dem Schlaf und eine Menge alberner Flugzettel fielen vom Himmel. Warm wird es nicht mehr. Es geht ein eiskalter Wind, dazu schneit es.

9. OKTOBER

Trocken kalt. Wir sind mit der Arbeit fertig und rüsten zum Weitermarsch nach Krasnograd 80 km. Es soll morgen früh weitergehen. Die Gefangenen werden von oben sehr milde behandelt, ob´s umgekehrt auch so ist?

10. OKTOBER

Heute regnet es wieder und wir können nicht weg. Es ist vorne noch keine Unterkunft zu bekommen. Wir verbringen den Tag mal ausnahmsweise mit Nichtstun. Heut Nacht sind wieder ein paar Russen fort. Wir haben aber auch Posten danach. Jeder Zug hat die Faulsten und Dümmsten dazu abgestellt. Wir haben Leute dabei, daß man heulen könnte, faul dumm und dazu unverschämt frech. Es fehlt ja auch die Autorität von oben her. Wir waren einst eine gute Kompanie Nun ist´s bald soweit, daß die Hälfte mault und meckert. Die Russen hatten hier in der Nähe einen Staudamm gesprengt.

Der absinkende Wasserspiegel gibt immer mehr Tote frei, die werden begraben.

11. OKTOBER

Der ganze Vormittag wird vertrödelt, endlich mittags 12 Uhr marschiere ich bei Sonnenschein und viel Dreck mit 24 Mann und 121 Russen ab. Habe 12 Fuhrwerke dabei, die die Verpflegung und den Werkzeug für die Gefangenen drauf haben. Nach ein paar km muß ich von der Straße weg und Seitenwege benützen. Da geht das Unheil bald an. Der führende Feldwebel sitzt mit der Karte auf einem Wagen und es dauert nicht lange, dann habe ich die Fühlung mit dem Troß verloren. Ich warte, aber nichts kommt nach, da wir nach einigen km die Vormarschstraße wieder erreichen sollten, nehme ich an, daß der Troß schon abgebogen ist und marschiere ebenfalls in nördliche Richtung. Doch die Straße finde ich nicht. Ich beschließe in nordwestliche Richtung zu gehen, da muß ich sie finden. Nach 5 km bin ich auch dort, aber vom Troß ist nichts zu sehen. Wie ich dann später erfuhr, ist er trotz Karte und Kompaß in südliche Richtung gezogen also ging unser Weg so (Zeichnung) die punktierte Linie wäre richtig gewesen. Die Strichlinie ist die Vormarschstraße. Auf die marschierte ich zu und dann in flottem Tempo darauf fort. Das Ziel sollte ca. 14 km von Poltawa entfernt, ca. 3 km abseits der Vormarschstraße liegen. Der Himmel hat sich bewölkt und es fängt in diesem unendlicher Dreck an zu regnen. Ich muß manchem Fahrzeug auf die Beine helfen, aber sie rutschen nur ins nächste Loch. Mittlerweile wird es dunkel und der Regen ist in Schnee übergegangen. Zu sehen ist fast nichts mehr. Nun muß ich wohl bald rechts abbiegen. Aber ich finde mich nicht mehr zurecht. Ich weiß den Namen des Zieles, aber sonst nichts. Wir stolpern in vollständiger Dunkelheit über Feldstellungen fallen in Schützenlöcher, marschieren mit 20 pfündigen Stiefeln durch Äcker und finden – nichts.

Endlich, ein dunkles Etwas entpuppt sich als riesiger Strohhaufen. Ich lasse die Gefangenen Stroh herauszerren und darunter kriechen. Mit einem Mann gehe ich weiter. Wir sehen einen Lichtschimmer und stehen nach 10 Minuten vor einem Kolchos. Der ist zwar von Truppen belegt aber im Stall ist noch etwas Platz. Wir holen die Russen und naß und frierend hauen wir uns in den Mist. Das Dach ist weg dafür läuft das Wasser durch die Decke. Ich bin zuvor noch in ein Loch voll Wasser gestolpert, sodaß auch nicht ein trockener Faden mehr an mir ist. Endlich geht auch diese Nacht zu Ende und ich orientiere mich bei der

Einheit auf einer Karte. Wir haben noch 4 km bis zum Ziel. Raus mit den Russen und los. 9 Stück sind´s weniger, das ist mir gleich. Nun hat aber der Troß dort kein Quartier gefunden und ist weitergegangen. Er kam übrigens auch erst 10 Uhr nachts dort an. Nun kann ich suchen. Gegen 10 Uhr vormittag finde ich sie endlich. Mir fiel ein großer Dreckbatzen vom Herzen, Steine gibt's ja da nicht. Wir haben einen Tag nichts gegeßen, sind drecknaß und sehr müde. Zu den 19 km haben wir, ohne Rast, 13 Stunden gebraucht. Ich laße die Gefangenen von andern Leuten, die beim Troß sind bewachen, wasche mich, esse und schlafe. Der Ort heißt

Kurilech.

13. OKTOBER

Am 13. Oktober Früh geht´s weiter. Die ganze Nacht hat´s geregnet und geschnien. Aber der Dreck kann nicht mehr tiefer werden. Es ist fast kein Vorwärtskommen möglich. Vom Weg ist nur die Feldtelefonleitung zu erkennen. Schon nach 10 km, bei einer großen Fabrik, die im freien Gelände steht, beschließen wir zu bleiben. Die Pferde können nicht mehr, die Wagen stehen bis über die Achsen im Dreck und uns rinnt er in die Stiefel. Die neuerbaute chemische Fabrik ist samt Arbeiterhäusern verlassen und wir richten uns dort ein. Verwüstet und gesprengt ist der gesamte Maschinenpark. Wasser gibt es nirgends. Die Anlage heißt Kaschmanowka.

14. OKTOBER

Wir sehen in der Frühe erstaunt vor dem Dreck und reiben uns die Augen. - - Tatsächlich gefroren - . So fest, daß wir ohne sonderliche Mühe weiter kommen. Stunde um Stunde marschieren wir bis Karlowka mit leerem Magen. Bis die Gefangenen untergebracht sind und wir notdürftig unterkommen ist´s Nacht. Da wir sehr wenig Verpflegung dabei haben, mußten wir schauen, daß irgendwo was hergeht. Wir finden eine verwundete Kuh, die muß ihr Fleisch hergeben. Um ½ 9 Uhr abends endlich was zu Essen. Frisch geschlachtet, halbgekocht, so gibt´s Durchfall, daß man die Hose nicht mehr einknöpfen braucht. Ich bin selbst innerhalb weniger Stunden nur 17 mal ausgetreten. Sehr angenehm bei Regen und kaltem Wind auf freiem Felde. In Kurilech hatte die Wache, die der Troß stellte, 20 Gefangene entwischen laßen.

15. OKTOBER

Weiter nach Krasnograd. Auch da kommen wir wieder spät an. Ich hab Widerwillen gegen das halbgekochte Zeug, aber es hilft nichts, der Hunger ist größer. Hier sind wir doch trocken unter Dach und haben Feuer. Am Abend hab ich noch einen harmlosen Ochsen erschoßen. Hab für die Gefangenen fast nichts mehr zu essen. Der Kopf gibt für mich eine gute Fleischsuppe, das soll wieder etwas auf die Beine helfen. Ein Schwein 70 Pfund schwer, wird auch organisiert, aber ich kann kein Fleisch essen.

16. OKTOBER

Gleich in der Frühe gibt´s Fleischsuppe, das tut dem Magen gut und der Durchfall vergeht langsam. Nun muß ich zu meiner Riesenarbeit mit den Gefangenen auch noch für deren Verpflegung sorgen. Meine Soldaten haben ihnen fast alles weggenommen, sogar das Mehl ist fast alle. Und die Gefangenen fressen 3x soviel als wir. Aus einer Gefangenen Portion sind leicht drei deutsche Portionen zu machen. Sie haben eigene

Küche dabei und auch zwei sehr gute Köche. Einer ist Moskauer Hotelkoch. Hier find ich nicht viel dafür, sie müßen etwas Hunger leiden, das macht aber nichts. Sie müßen heute mit Mais zufrieden sein. Der Ochse gehört für uns. Werde ihnen schon Fleisch besorgen, bisher erhielten sie noch keines. Ich laße ihnen das durch den Dolmetscher sagen und mit hungrigen Augen sehen sie mich im Voraus dankbar an. Es sind manche ganz anständige Kerle drunter. Erst durch längeren Umgang lernt man sie kennen. Die Meisten aber sind heimtückische Gesellen. Die Kompanie trifft

morgen hier ein. Die konnte auch nicht weg in Poltawa. Der ganze Weg ist mit Lastwagen verstopft. Alles Nachschub und kommt nicht vor wo man ihn so notwendig braucht. Munition, Betriebsstoff und Verpflegung muß mit Flugzeugen befördert werden. Habe zwei Volksdeutsche dabei, die kommen als Gefangene zu uns, wurden aber freigelassen. Sie sind aus dem Kaukasus und bleiben aus freien Stücken bei uns, weil wir ja in Richtung ihrer Heimat ziehen.
Sie leisten mir als Dolmetscher gute Dienste.

17. OKTOBER

Am 17. Okt. marschieren wir nach Andrjewka 22 km. Hier ist alles so voll Militär, daß wir nur mit Mühe unterkommen. Für die Gefangenen bekomme ich Essen. Wir schlachten für uns eine Kuh, davon geb ich auch den Russen ab. Frauen bringen Brot, sodaß sie wenigstens etwas haben. Die Bande tut so hungrig daß sie nur mit Gewehr und Pistole regiert werden kann. Ein paar Schüsse unter die Beine helfen.

18. OKTOBER

Am 18. geht's nach Sacnowschtschima 22 km. Wir erreichen das Nest gegen 14 Uhr. Der große Gutshof ist schon unter Aufsicht und an einen Ukrainer vorläufig übergeben, dennoch gelingt es mir von der Oberaufsicht, einem Unteroffizier einen Schweinseber von über 5 Zentner zu erhalten. Ich erschieße ihn und mit Feuereifer sind die russischen Köche über ihm. Unbeobachtet hab ich so nebenbei das Glück 30 Zentner Kartoffel zu „organisieren". Nun können die Russen ihre Mägen füllen. Abends 7 Uhr erhalten sie die Mahlzeit und im Scheinwerferlicht meiner Lampe sehe ich ihre strahlenden Gesichter. Mir selbst brachte der Eber doppelten Nutzen. Erstens wurden mir die Russen geneigter und zweitens ließ ich mir ca. 20 Pfund Speck absäbeln, den laß ich aus. Kartoffel und Mehl hab ich. So kann ich lange entbehrte Sachen kochen.

19. OKTOBER

Am 19. nach Napurnaja 18 km. Während des Marsches muß ich mit den Russen die Straße in

Ordnung bringen, so kommen wir wieder erst spät ins Quartier. War aber so schlau, die Russenküche gleich dorthin zu schicken, sodaß das Essen fertig ist, bis wir ankommen. Heut ist Kirchweihsonntag und ich lasse abends 10 Uhr noch Schmalz aus.

20. OKTOBER

Bei voller Dunkelheit geht´s weiter nach Arteljnaja 20 km. Regen hat den Dreck wie mit Seife versetzt gemacht. Bei jedem Schritt vor, einen halben zurück. Bei „sehr schönem" Regen geht´s bis zum Ziel. Wieder vollkommen naß kommen wir an und müssen noch 4 Stunden suchen, bis ich für alles Unterkunft habe. Selbst hier, wo der Dreck noch tiefer ist, finden wir alles belegt. Ein Gefangener fand hier während des Umherstehens eine sogenannte Molotow-Flasche, das sind gewöhnliche Limonade - Flaschen, aber mit Phosphorsäure gefüllt, ganz verfluchte Dinger. Sie werden von den Russen gegen unsere Panzer verwendet. Er kannte ihren teuflischen Inhalt auch nicht. Da er den Korken nicht rausbrachte, warf er sie gegen eine Mauer. Au, Weh. Er und ein paar seiner Kameraden, sowie ein Posten bekamen Spritzer ab und standen im Nu in Rauch gehüllt. Die Mauer, sowie der trockene Boden unter dem Vordach brannten sofort. Die Kleidung der Besspritzten war zum Glück ganz naß, so konnten sie sich rechtzeitig ausziehen. Die Säure hat die Eigenschaft, bei Hinzutritt von Sauerstoff, sehr intensiv zu brennen und Gas zu entwickeln. Überall dort, wo die Russen vermuten, daß unsere Panzer fahren, werden sie leicht eingegraben. Durch das Drüberfahren sollen sie zerbrechen und die Höllenflüßigkeit kann ihre, vom Teufel selbst eingegebene Schuldigkeit tun. Sämtliche Wege und dafür in Betracht kommende Punkte werden daher sorgfältigst abgesucht und die Flaschen in einem Loch vernichtet. Manchmal findet man sie aber nur zur Seite gelegt, ich hab selbst schon drei Stück gefunden. Das Feuer ist mit nichts zu löschen, selbst unter Wasser ausgelehrt, behält sie ihre Wirksamkeit. Der Posten bemerkte die Spritzer an seinem Mantel gleich und schnitt die Stellen aus. Die Russen versuchten, mit den Händen die rauchenden Stellen abzuwischen und machten´s nur schlimmer, denn auch die Hände fingen an zu rauchen. Mit angelegtem Gewehr siebten wir sie von den Anderen und zwangen sie, sich auszuziehen. Der Übeltäter selbst war am ärgsten getroffen, dem rauchte sogar das Gesicht. Zwei Stunden lang mußten sie nackt im Regen bleiben. Der Eine glaubte sterben zu müßen und bat flehentlich, ihn doch zu erschießen. Nur die Nässe beschützte ihn vor dem Brennen. Wenn er zu brennen begonnen hätte, dann hätt ich ihn wohl oder übel erschossen. So brachte er unter Weinen und mit sehr viel Dreck die gefährlichen Tropfen von Gesicht und Händen. Kleidung war futsch und mußte von Zivilbewohnern ersetzt werden. Er schien auch in den Mund etwas gebracht zu haben, trank große Mengen Wasser und klagte über Schmerzen. Endlich um ½ 4 Uhr war Unterkunft gefunden. Abends bei Dunkelheit leuchtete der Kerl wie mit Leuchtfarbe bestrichen und was er anrührte leuchtete auch. Aber die Hauptsache war schon mit Dreck abgeputzt. Endlich um 5 Uhr hatte ich die Russen unter Dach in einem Stall und dazu gleich einen Eber mit ca. 6 Zentner und einen Ziegenbock, die herrenlos waren, mit eingesperrt. Da standen wir, meine Wache und ich vor dem uns zugedachten leeren Haus und fluchten. Es war so voller Läuse und Wanzen, daß niemand hinein mochte. Zum Glück erwischte ich noch eine andre Bude, warfen den ganzen Mist raus, Stroh hinein und auf 14 m² hatten 21 Mann Platz. Es kamen sogar noch zwei Meldefahrer, für die langte es auch noch. Wir lagen wie die Heringe, ein Glück, daß zwei Mann abwechselnd auf Wache waren. Mein Mittagessen schlang ich abends ½ 9 Uhr kalt hinunter. Auch diese Nacht war einmal zu Ende.

21. OKTOBER

Fast jeder ist krank. Es wäre

kein Wunder bei dieser ständigen Nässe. Meine tapfere Heldenwache ließ diese Nacht 14 Gefangene entwischen. Sie brachen ein zugenageltes Tor der Stallung auf. Das hörte und sah keiner. Ich meldete das dem Chef. Den Krach kann man sich denken. Am Vormittag kam die Feldgendarmerie mit 150 Gefangenen vorbei, davon ergänzte ich mit 35 Mann meinen Bestand wieder. Ich beschaffte für die Wache Quartier und für mich machte ich im alten Raum Ordnung. Ein kleiner Ofen, den ich schon seit Poltawa mitführte, tat seine Schuldigkeit und ich konnte meine Sachen trocknen. Hose und Mantel mußte ich waschen, die glänzten vor Dreck. Ich konnte einigermaßen baden und endlich frische Wäsche anlegen. Abends wieder Speck schneiden und Schmalz auslassen. Der zweite Eber wurde erschossen, der lieferte wieder Speck, so konnte ich an Kameraden ca. 40 Pfund verteilen und hatte selbst 15 - 20 Pfund Schmalz. Mehl besorgte ich mir. Nun kann ich dem Magen wieder auf die Beine helfen. Das wochenlang unregelmäßige und halbgekochte Zeug hat er nicht mehr verarbeitet. Tagelang hatten wir Früh Kaffee dann bis abends 8 - 9 Uhr nichts mehr. Muß noch erwähnen, daß mir ein guter Kamerad durchs Fenster die Bratraine mit ca. 6 Pfund Schmalz verschwinden ließ. Schmalz ärgert mich nicht, wohl aber das Geschirr, das ich seit Rozaniec dabei hatte.

Habe aber, da die Kameraden sehr oft zum entlehnen kommen, mir aus der Bahnhofsküche in Pomoschneja noch zwei besorgt, so hab ich Ersatz dafür.

22. OKTOBER

Heute wurde ein anderer Stall frei, der ist sicherer und meine Russen sind da besser verwahrt. Der Eine mit der Flasche ist wieder gesund, nur von der Arbeit will er sich drücken. Eine energische Zurechtweisung mit der Pistole genügt und er kann sogar gut arbeiten. Eine Brücke wird verstärkt und die Straße vom Dreck freigemacht. Habe mir eine Bettstelle besorgt, sowie einen Strohsack und schlafe nun wie ein Fürst. Mäuse und Ratten gibt's hier, soviel hab ich noch nie erlebt. Bisher hab ich in jeder Unterkunft, wo ich länger war, alle weggefangen, aber hier werden´s nicht weniger. Wir müssen alles mit Draht an der Decke aufhängen. Hier laß ich für die Russen auch Brot backen, das geht ihnen am meisten ab. Alles dreht sich um Chleb (Brot). Ich kann es verstehen. Die Gegend ist sumpfig. Die Erde schwarz und fett. Ebenso schwarz und fett, nur noch mit Leim versetzt ist die Straße. Diesen zähen Dreck kann man sich nicht vorstellen, er bleibt an Stiefeln und Rädern hängen wie angewachsen. Die Menschen sind womöglich noch ärmer und zerlumpter als bisher. Ungarische Truppen liegen auch hier. Diese

Bundesgenossen haben zu rauchen genug, lassen sich aber für eine Zigarette 15-20 ₰ (Pfennig) bezahlen. Da ich ebenfalls auf dem Hund bin, kauf ich ein paar Zigarren, das Stück nur 50 ₰ (Pfennig). Die wollen möglichst viel Geld haben, am 28. Oktober sollen sie nach Hause kommen.

28. OKTOBER

So verging ein Tag nach dem anderen und gestern Früh ging´s wieder weiter nach Panjutina Ort. 20 km. Der Himmel gab wieder seinen Senf dazu und es regnete, daß es eine Freude war. Meine Befürchtungen wegen Unterkunft waren vollauf berechtigt, denn wir fanden keine. Durchnäßt und voller Dreck standen wir wieder 3 Stunden umher, dann mußten wir noch 4 km weiter bis Panjutina Dorf. Eine Kolchose bot reichlich Raum für Gefangene und Pferde. Auch wir mußten mit einem Stall mit vielen Ratten vorlieb nehmen. Als Entschädigung fiel dafür das Essen wieder mal aus. Heute suchten und, da andre Truppen weggingen, fanden wir zur Abwechslung mal wirklich nette Quartiere. Ich wohne bei Ukrainern. Der Besitzer und seine Frau sind ganz nette Leute. Ich bekam gleich einen großen Napf voll Mehlmus vorgesetzt, das ich trotz des großen Appetits nicht bezwang. Die Frau deutete mir an, ich sei sehr mager und müsse dicke Backen erhalten. Abends steht 1 Liter Milch vor mir. Das laß ich mir gefallen. Ich sitze in einer warmen

Stube, hab keinen Hunger und bin sehr zufrieden. Straßenverhältnisse sind hier ebenso schlecht als vorher. Man staunt, daß so viel Dreck überhaupt möglich ist. Die Bewohner sind lauter Ukrainer, ihre Häuser sind etwas besser gehalten als die der Russen. Nachmittags erfuhr ich von einem auf dem Felde liegenden Ochsen, der nicht mehr auf die Füße kam. Den brauch ich ja dringend für die Gefangenen. Gleich mach ich mit dem Koch auf den Weg und eine Kugel beendet das Ochsenleben. Schon bin ich wieder für ein paar Tage versorgt. Da sind sie eifrig, schlachten, zerlegen und fahren Fleisch heim. Kartoffeln gibt´s hier nirgends mehr. Wir kommen nun in die Gegend, wo die Ernte schon geborgen war. 20000 Leute waren in der Nähe mit Anlegung eines kilometerlangen Tankgrabens beschäftigt, die haben viel gegessen und was übrig war, haben die Bewohner versteckt, oder die Russen mitgenommen.

29. OKTOBER

Heut war ich mit meiner „Gefolgschaft" in einem großen Holzlager um Brückenholz zu sortieren und ins Trockene zu stapeln. Meine Hausfrau bewirtete mich mit Borscht, ist eine gute Suppe aus gelbe Rüben, Kraut, Kartoffeln und Tomaten, sowie ein Teller Griesmus. Ich möchte fast sagen, sie ahnt wie ich mich nach solchen Dingen sehne. Es ist eine behäbige alte Frau und gibt mir immer zu verstehen, daß ich sehr mager sei und daß das gute Essen dafür dobry (gut) ist. Ich helf ihr dafür mit Kopfwehtabletten aus. Wenn´s nur längere Zeit so blieb. Während ich schreib, stellt sie noch ein großes Glas Milch her. Großartig.

30. OKTOBER

Heut Nacht hat´s wieder ganz munter geregnet, ist doch das eine Schweinerei. Alles stockt und bleibt in dem tiefen Dreck stecken. Den ganzen Tag helf ich mit den Russen den L. K. W.´s auf die Räder. Auf einer Strecke von 100 m werde ich mit Hilfe von gefällten Bäumen, mit den Löchern kaum fertig. Einen Meldefahrer laß ich samt dem Motorrad aufladen und mit Fuhrwerk nach Losowaja fahren, so kommt er sicherer hin als mit seinen P. S. (Pferde Stärken). Als Gegenleistung erhalte ich fast 1 Pfund Tabak. Das ist willkommen, denn gestern rauchte ich die letzte Pfeife Tabak. Hab schon gedacht, nun ist´s gar, da nirgends Tabak zu bekommen ist. Doch nun bin ich wieder reichlich versehen damit. Die Hausfrau bewirtet mich gut, so fehlt es mir an nichts mehr. Heut Nacht ging ein Russe durch. Es war der Negus mit der Phosphorflasche. Der Schuft hat noch 1000 km bis zum Ural und geht hier durch die Lappen, na weit kommt er nicht, die Feldgendarmerie übt sehr scharfe Kontrolle. Mais ist noch auf den Feldern und Zuckerrüben. Für die Gefangenen gerade recht. Post haben wir seit 10. Oktober keine mehr erhalten. Die Truppen vorne werden mit Flugzeugen verpflegt und Munition geliefert. Auf den Straßen stockt alles. Zum Abschluß des Tages ein großer Teller voll Schmarrn, ein Liter Milch und eine gute Pfeife Tabak. Soweit sind wir schon degeneriert, daß die Magenfrage die Hauptsorge ist. Geistige Nahrung gibt´s gar nicht mehr.

31. OKTOBER

Nun sitz ich allein hier mit meinen 20 Mann und hundert Russen. Der Kompanie - Tross mußte zur Kompanie. Auch ich mußte 4 Fahrzeuge abliefern. Vermutlich wird alles auf Fuhrwerke geladen, soweit dies möglich ist. Ich lasse ein paar Russen mit Fuhrwerken von Haus zu Haus fahren um Kartoffel, Kraut oder sonstige Sachen.

Sie bringen ziemlich was mit, so tu ich mich mit ihrer Verpflegung leichter. Die bekommen in jedem Haus was geschenkt. Zu fassen gibt´s nämlich für die Gefangenen weder bei der Kompanie noch beim V. A. (Verpflegungsamt). Es steht ihnen wohl zu, aber ich bekomm nichts für sie. Es regnet.

1. NOVEMBER

Heut ist der gleiche Verpflegungsjammer, hab nur für mittags und abends heiße Kartoffel und gekochte Zuckerrüben. Immer noch Regen.

2. NOVEMBER

Heute hab ich ein Fahrzeug 20 km weit zurückgeschickt, um irgendetwas aufzutreiben. In einer Ortschaft 15 km seitwärts soll Mehl sein, auch da werde ich hin senden. Habe von Ungarn

Tabak gekauft. Kostet allerdings das kg 17 M (Reichsmark), aber er ist gut und ich hab für eine ganze Weile Ruhe. Das zurückgesandte Fuhrwerk brachte eine sehr gute Kuh mit für 50 M. Es ist fast schade um das schöne Fleisch für die Russen, aber ich hab sonst nichts. Auch 7 Sack Mehl hab ich organisiert, Mais und Rüben finden wir noch auf dem Felde, so ist für ein paar Tage schon wieder gesorgt. Morgen wird Brot gebacken. Ich suche jeden Backofen, da ich infolge der schlechten Bauart in jedem nur einmal backen kann, sonst wird die Hitze für die trockenen Häuser zu gefährlich. Da finde ich zum Glück ein Haus mit Ofen, das gerade von Truppen verlassen wurde. Sonst wohnt niemand drin, also beschlagnahme ich es. Hier wird lustig drauflos gebacken, soll´s brennen wenn´s will, aber es tut ihm nichts. Nun bekomm ich Brot, da lachen die Russen, Chleb (Brot) essen sie auch gerne. Am 6. November noch ein Öchslein und ein Rind gefunden, nun reicht´s eine Zeit lang. Die Kompanie will morgen weiter, trotz des strömenden Regens. Ich wandere einen Tag später. 100 Russen, 2 Küchen, 8 Wagen und meine 22 Mann. Für zwei Ukrainer hab ich die Freilassung erwirkt, die werden lachen morgen früh.

7. NOVEMBER

Sie sind mit strahlenden Gesichtern abgezogen, haben 30 km heim. Die Kompanie ist trotz des Regens fort. Ich marschiere morgen.

8. NOVEMBER

Um ½ 8 Uhr geht´s dahin, mein schönes Quartier muß ich verlassen. Das Wetter ist etwas besser. In der Nacht haben meine wackeren Posten 20 Russen laufen lassen. Das ist der Dank für die bessere Verpflegung, die ich der Wache zukommen ließ. Ich machte ihnen einen Pfundskrach, aber der brachte die Entwichenen nicht zurück. In Losowaja, das wir nach 4 km erreichen, ist ein Gefangenen - Lager. Da versuch ich mein Glück und erhalte 30 Mann. So hab ich die Bande wieder vollzählig. Der Weg ist nur noch Sumpf, wir wandern zeitweise auf dem Bahndamm. Fast ist kein Fortkommen mehr möglich. Auf der angeblichen Straße läuft der Dreck oben bei den Stiefeln rein. In Blisnezy, einer kleinen Stadt ist der Sumpf auf den Straßen 25 - 30 cm tief. Reine Schlammsuppe. Von da an hatten wir noch 5 km bis Blisnezy Dorf. 20 km. Wir kommen nachmittags 4 Uhr dort an. Zwei Pferde und 10 - 15 Mann hatten Arbeit so ein Fahrzeug, beladen mit 5 Zentner durch den Sumpf zu befördern. Ich beziehe mit der ganzen Gefolgschaft ein Krankenhaus.

9. NOVEMBER

Der Chef hat mir Vorwürfe wegen der Bewachung gemacht. Ich klärte ihn über die Zusammensetzung der Wache auf und erhielt sofort 7 Mann ausgewechselt, so hab ich endlich die Untauglichsten abgeschoben.

10. NOVEMBER

Die Gefangenen machen Holz, ich finde einen Backofen, organisiere einen Ochsen und eine Kuh, entdecke noch ca. 5 Zentner Weizen. Nun ist meine Vorratskammer gefüllt, da könnte der Oberzahlmeister neidig werden. Sehr schönen Mais gibt´s hier auch. Kartoffel keine. Wetter gut, Nachtfrost, das ist die einzige Rettung aus dem Dreck.

12. NOVEMBER

Heute ist es sehr kalt, es wird Winter.

Seit ein paar Tagen stets große Läusejagd, diese Mistviecher hab ich jetzt auch.

13. NOVEMBER

Morgen soll ich 5 km weiter mit den Russen, wenn ich Unterkunft finde. Der gefrorene Schlamm auf der Straße wird eingeebnet. Weizen gegen Mehl vertauscht und noch von der Kompanie 6 Zentner Mehl bekommen. Sehr kalt und scharfer Wind. Wo bleibt die Winterkleidung? Die Wache ist jetzt besser

14. NOVEMBER

Fand keine Unterkunft und bleib hier. Sehr kalter Nordwind 17 Grad unter Null.

16. NOVEMBER

Morgen geht´s weiter. Es ist doch besser, daß alles gefroren ist, so kommt man doch vorwärts.

17. NOVEMBER

22 km führte uns der Weg nach Gawrielowka, am

18. NOVEMBER

18. November 8 km nach Richorowka. Das war einst ein deutsches Dorf mit gemauerten Häusern, doch die Deutschen sind schon lange vertrieben und die einst sauberen Häuser von dreckigen, verlausten Russen bewohnt. Alles ist gänzlich verwahrlost und es kostet Mühe, Ordnung in die Unterkünfte zu bringen. Die Bewohner sind ein

ganz freches Lumpenpack. Ein sehr großes Kollektivgut ist von ihnen restlos geplündert. Vieh, Pferde, Schweine, Weizen und Kartoffel haben sie in den Häusern versteckt. Na, ich werde ihnen etwas abnehmen. Sie sind sehr erbittert, als ich anfange zu organisieren. Aber unmißverständliche Drohungen mit Gewehren und Pistole schüchtern sie ein. Mit haßerfüllten Augen sehen sie zu, wie ich einen starken Stier, eine Kuh, ein Schwein, Kartoffel, Weizen, Pferde und Wagen nehme. Die sollte man mit Maschinengewehr bearbeiten. In einem Kollektivstall entdecke ich 13 Stück verhungerte Schweine. Die Saubande ließ alles verhungern, was sie zu Hause nicht unterbringen konnte. In den leeren Häusern, die wir uns mit viel Mühe reinigen, sind alle Fenster und Türen zerschlagen und die Räume als Aborte benutzt worden. Es tut uns direkt wohl, ihnen in ihren Häusern Doppelfenster und Türen wegzunehmen. Aus einem, als Stall eingerichteten Loch muß ich eine ganz heruntergekommene Kuh rausziehen lassen und erschießen. Sie konnte nicht mehr aufstehen. In dem Raum von 7 ½ m² sind drei Stück eingepfercht. Man sollte ihnen alles nehmen. Schade um das Vieh, das so leben muß. Die großen Stallungen der Kolchose stehen leer. Raureif, kalt und trocken.

22. NOVEMBER

Morgen geht's wieder fort.

23. NOVEMBER

Heute sind wir 35 km marschiert bei 18 Grad unter Null nach Nowogawlowskoje. Hier gibt´s wieder Russenflieger. Die Front ist ziemlich nahe. Man hört lebhaftes Artillerie - Feuer. Wir sollen bis 27. November im Raum von Kramatorskaja-Kraßnogorka sein. Wir sind nun im Industriegebiet im Donezbecken, aber die Fabriken sind zum größten Teil gesprengt. Ein elendes, armes Dorf beherbergt mich mit meinem Anhang.

24. NOVEMBER

Früh 8 h 19 Grad. Der Tag ist heiter. In der Nacht waren viele Rata´s (russische Jagd-Flieger) über der Vormarschstraße, aber ohne Erfolg. Artillerie - Feuer ist sehr stark.

25. NOVEMBER

Weitermarsch bei schneidendem Wind nach Alepandrowka, 22 km. Ein Technikum, früherer Herrensitz dient uns zur Übernachtung.

26. NOVEMBER

Nach Kramatorskaja, 20 km wieder scharfer Nordwind. Ein Dorf, Schabeljkowka, nimmt uns auf. Kramatorsk ist eine große Industriestadt mit Eisenwerken. Erz wird im Tagebau gewonnen. Lebensmittel und Futterbeschaffung ist schwierig. Ein Gefangener ist von hier.

27. NOVEMBER

Am 27. früh ist schon seine Frau samt 4 Kindern da. Das Wiedersehn ist ergreifend. Ich bewirke seine Freilassung, die morgen erfolgt, laß ihn aber gleich laufen. Papiere kann er morgen holen. Mit viel Händeküssen zieht die ganze Familie ab. Ich wohne in einem Haus, das fast nach unseren Begriffen eingerichtet ist. Man möchte fast sagen, gut bürgerlich, mit altmodischen Möbeln.

28. NOVEMBER

Die Straße wird eingeebnet. Die Leute haben hier kein Mehl und kein Brot. Mais wird durch die Fleischmaschine getrieben und verbacken. Ein russischer Koch besorgte mir hier eine gute russische Wintermütze. Er hat auch nur mehr 60 km heim. Ich werde ihn auch, wenn´s an der Zeit ist, Papiere besorgen.

2. DEZEMBER

Heute früh ist die Kompanie weg. Ich muß noch hierbleiben und die Gefangenen an ein andres Bataillon abliefern. Hab noch die Gefangenen der

4. Kompanie dazubekommen, hab nun 155 Mann. Zwei Mann, von denen 30, die ich damals in Losowaja faßte, durften heim. Es liefen mir damals lange zwei Frauen nach, die waren nach Losowaja gekommen, weil ihre Männer in dem Gefangenen - Lager waren. Durch Zufall waren die zwei bei denen 30, die ich mitnahm. Das erfuhr ich erst hier. Da sie nicht weit heim hatten, erbat ich vom Chef ihre Entlassung. Die Freude der Frauen war nicht klein. Dem Koch seine Papiere hab ich noch nicht erhalten, ist gleich, ich werde es schon recht machen. Hab noch eine Kuh und einen Ochsen geschlachtet. Mehl u.s.w. ist auch in meinem Magazin. Es schneit und stürmt bei scharfem

Nordwind. 20 Grad unter Null. Fünf Fahrzeuge mußte ich an die Kompanie abgeben.

Nun ist wieder der Teufel los. Die Gefangenen von 4/551 erzählten, sie kämen ins Lager. Vor dem fürchten sie sich. Also hauen wieder welche ab. Vom 3 - 4 Dezember verschwanden 20 Mann. Was hilft ein Donnerwetter? Die Wache ist schon wieder zu vertrauensselig. Ich stelle 4fach Posten aus.

6. DEZEMBER

Dennoch sind´s wieder 10 Mann, die weg sind. Man könnte aus der Haut fahren. Grad als ob sie mit Wissen der Wache abhauen. Heute erhielt ich endlich Befehl, die Gefangenen an die Geräte Staffel abzuliefern. Die übergibt sie an Bataillon 221. Aber

8. DEZEMBER

als ich am 8. Dezember 4 km damit bis zur Übergabestelle marschiert war, mußte ich wieder umkehren. Anderer Befehl: Die Gefangenen sind an II./221 in Nekremenoje abzuliefern und der Weg muß zu Fuß in zwei Tagesmärschen gemacht werden. Bis Nekremenoje sinds 34 km, die mach ich am 9. Dezember auf einmal.

9. DEZEMBER

Die Ortschaft liegt ca. 8 km seitwärts der Vormarschstraße 34 km zurück. Mit Kompaß und Karte marschiere ich über Felder ohne Umweg drauf los. Endlich ½ 4 Uhr nachmittags bin ich dort. Während des Marsches taute es und die letzten 5 km war ganz pfundige Schmiere auf den Wegen. Ich bin froh, daß ich der Sorge um die Gefangenen endlich los werde.

10. DEZEMBER

Am 10. vormittags übergebe ich sie. Manchen hätt ich gern behalten. 120 Mann hab ich noch gehabt.

11. DEZEMBER

Der Heimweg am 11. Dezember war alles andre als schön. Zwar hatten wir den starken Westwind im Rücken, aber der Regen und der Dreck war nicht dienlich. Die Pferde hatten Mühe die leeren Wagen nach Hause zu bringen. Dort hatten sich unterdeßen 4 Gefangene wieder eingefunden. Was mach ich damit?

12. DEZEMBER

Tauwetter und Betriebstoffmangel halten uns hier fest. Ich sollte mit der mot. Kol. der Komp. (motorisierten Kolonne der Kompanie) nachrücken.

13. DEZEMBER

Habe drei Stück Vieh aber keinen Metzger. Mit Hilfe eines Kameraden bring ich's doch fertig und am Abend hängt das Fleisch einer Kuh kunstgerecht an den Hacken.

23. DEZEMBER

Immer noch sitzen wir hier. Habe mittlerweile das Vieh geschlachtet und Fleisch zur Kompanie geschickt. Heute erhielt ich endlich den Marschbefehl, mit meinem Troß abzurücken. Werde aber erst nach den Feiertagen abrücken. Habe keine Feldküche zum mitnehmen, so muß erst Verpflegung geschaffen werden. Die Kompanie liegt 60 km vorne in Iwanowskoje. Heute noch mit vieler Mühe ein Schwein und ein Kalb beschaffen, für Weihnachten.

25. DEZEMBER

Das Fest haben wir ganz

nett gestaltet. Zum Glück kam am 24. abends noch viel Post, sowie von der Kompanie - Verpflegung Wein, Schokolade, Rauchwaren und Kerzen. Ein Baum wurde geschmückt und später versteigert, so wurde der Festbraten bezahlt und 167 M (Reichsmark) dem W. H. W. (Winterhilfswerk) überwiesen. Schweinebraten, Leberknödel, Bohnenkaffe und Glühwein brachten nebst Zigaretten und Handharmonikas eine festliche Note in die Feierstunden.

27. DEZEMBER

16 Grad unter Null. Wir rüsten zum Abmarsch.

28. DEZEMBER

Bin nur bis Kramatorsk gekommen. Bei der starken Vereisung der Straßen ist es den Pferden unmöglich, weiterzukommen, sie liegen alle Augenblicke am Boden. Beschlagen sind sie nicht.

29. DEZEMBER

¼ m Schnee ist gefallen, da kann ich also morgen, wenn der Schnee festgefahren ist, weiter.

30. DEZEMBER

Früh machten wir uns auf den Weg und erreichten mittags bei heftigem Schneesturm eine Ortschaft vor Konstantinowka. Bei einer Ukrainerin finde ich Platz. Da erfahre ich wieder ein Familienschicksal aus dem roten Verbrecherstaat. Wegen angeblich staatsfeindlicher Gesinnung wurde ihr Mann 1938 erschossen, das Kind war ein Jahr alt. Trotzdem sie, der Not gehorchend, wieder geheiratet hat, trauert sie noch heute um ihren ersten Gatten.

31. DEZEMBER

Bei 30 Grad Kälte geht es weiter über Konstantinowka

einer großen Fabrikstadt, an deren Ostausgang wir wieder Halt machen. Ein Arbeiterhaus, mit Küche und einem Zimmer, bewohnt von zwei Familien mit zusammen 8 Köpfen, diente mir und noch einem Kameraden als Unterkunft. Wenn´s auch eng ist, es geht.

1. JANUAR 42

Nur 34 Grad Kälte hat´s heute. Ich bin froh, als wir gegen 13 Uhr Iwanowskoje erreichen. Es wird immer schwieriger, für die Pferde Futter zu beschaffen. In Konstantinowka warfen die Russen, ganz in der Nähe unserer Unterkunft, Bomben ab. Die Stadt ist sehr ausgedehnt und besitzt sogar Trambahn. Während des Marsches von dort nach hier entdeckte ich in einem tiefen Straßengraben ein zappelndes Pferd. Mitleidlose Soldaten hatten es, als es nicht mehr weiterkonnte, da hinuntergestoßen. Es versuchte vergeblich, aufzukommen. Ich kletterte hinunter, um es zu erschießen, doch bei dieser Kälte versagte die Pistole. Ein Kamerad mußte noch herunter und eine wohlgezielte Kugel erlöste das arme Tier. Das Herz tut einem weh, wenn man sieht, wie arme, halbverhungerte Tiere so feige im Stich gelassen werden. Die Entfernung von Schabeljkowka bis Iwanowskoje betrug 58 km. Es ist sehr kalt, doch auch hier ist unseres Bleibens noch nicht.

2. JANUAR

35 Grad. Nordwind.

3. JANUAR
36 Grad – windstill.

4. JANUAR
38 Grad

6. JANUAR
Nach Artemonsk 7 km. Hier werden gerade Juden aufgehängt. Partisanen.

7. JANUAR
Bei schneidender Kälte nach Medna- Ruda 17 km. Hier bleiben wir beim Stellungsbau. Es wird eine Auffangstellung gebaut. Die Front ist etwa 15 km weiter vorne.

8. JANUAR
Russenflieger, ist´s denen nicht zu kalt ???

20. JANUAR
Immer zwischen 35 - 40 Grad Kälte. Das Arbeiten ist wirklich kein Vergnügen mehr. Drei Tage schon stürmen die Russen gegen das Sperrfeuer. Mit aller Gewalt wollen sie durch. Ein sinnloses Opfer. Schneidender

Ostwind. Jeden Tag Flieger. Einzelne Fuhrwerke bewerfen sie mit 2 - 3 Bomben. Hab aber noch keine treffen sehen. Heute sank das Thermometer unter 40 Grad. Schneehöhe ca. 45 cm.

25. JANUAR

Die Kälte halt an und der grausame Wind auch. Flieger jeden Tag alle ¼ Stunden. Sie schießen auf alles, was sich bewegt. Sie werfen Bomben und Flugblätter ab. Sechs Tage stürmten die Russen, ohne Erfolg. Heute ist es etwas ruhiger. Wir arbeiten hinter der Artillerie - Stellung. Eine Batterie jagte in drei Tagen 1600 Granaten gegen die roten Teufel. In Artemowsk wurden 1450 Juden, jeden Alters und Geschlechtes erschossen. Nun wird dort wohl Ruhe sein. Die Bevölkerung holt vor Hunger überall die gefrorenen Pferdekadaver zusammen. 20 - 30 km weit fahren sie um das begehrte Fleisch zu holen. Flieger suchen die ganze Gegend ab. Von unseren Fliegern ist schon seit Ende Dezember keiner mehr zu sehen. Heute warfen die Russen 6 Bomben ganz in der Nähe der Munitions - Lager ab. Zum Glück treffen sie nie gut. Die Flugzeuge sind ganz neu und silbergrau getarnt. Nur der Sowjetstern fällt ins Auge. Die Bomben sieht man sehr gut, wie sie rausfallen.

5. FEBRUAR

Seit 10 Tagen haben wir heftigen Schneesturm. Es ist

immer noch sehr kalt und der tagelange Schneesturm ist schrecklich. Am 31. Januar mußten wir mittags in aller Eile die Arbeit verlaßen und den Russen entgegen. Drei Bataillon Russen haben, den furchtbaren Schneesturm im Rücken, die Stellung durchbrochen und sind bis Atamanskoje, 9 km vor uns, gekommen. Die Sicht war zeitweise nur 10 m weit, die Augen mit Eiszäpfchen behangen. So arbeiteten wir uns gegen den Sturm und erreichten endlich den Ort, der schon teilweise von den Russen besetzt war. Da wir in Schichten arbeiteten, war die Mannschaft, die uns an der Arbeit ablösen sollte, schon vor uns hergekommen und im Verein mit einer Pak. Abt. (Panzerabwehrkanonen – Abteilung) und dem Artillerie - Troß schon in heftigem Kampf mit den Eindringlingen verwickelt. Die Kugeln pfiffen uns entgegen und wir bezogen Stellung. Leider kamen uns im Verlauf des Kampfes die Russen nur auf 7 - 800 m in die Nähe, schwenkten dann ab und zogen sich auf einen uns gegenüberliegenden Hang zurück, wo die Pak. (Panzerabwehrkanonen) sie bearbeitete. Der erste Zug, sowie der halbe von uns kämpfte mit einem Teil der II. Kompanie noch immer gegen die in den Häusern befindlichen und sich zäh verteidigenden Russen.

Ein Haus wurde in Brand geschossen. Aber nun machte die hereinbrechende Nacht dem Kampf ein Ende. Wir lagen in einem Haus, 35 Mann stark und lösten alle Stunden ab. Die Nacht war furchtbar kalt. Der Wind pfeift unvermindert durch die Uniform. Drei Kameraden sind gefallen und einige schwer verwundet. Endlich war auch diese Nacht zu Ende. Um 7 Uhr bearbeitete Pak und Art. (Panzerabwehrkanone und Artillerie) die Häuser und um 730 Uhr nahmen 30 Mann von der Artillerie die Ruinen in Besitz. Fast alle Russen waren tot, mit Ausnahme von ca. 200 die während der Nacht das Weite gesucht haben. Wir streiften das ganze Gelände ab und fanden da und dort, in den

Strohhaufen versteckt, halbverfrorene Russen. Es waren Truppen aus Sibirien, ganz neu gekleidet und erst sechs Tage hier in Stellung. Man machte ihnen vor, die Deutschen wären alle schon erfroren und sie bräuchten nur nach Artemowsk gehen und die Stadt in Besitz nehmen. Wir verbrachten in dem Haus noch drei Tage in fürchterlicher Enge. Schlafen war ausgeschlossen und ein Teil konnte sich nicht mal setzen. Während der Nächte bauten wir Stützpunkte, mit feuchten Füßen und bei der furchtbaren Kälte eine wahre Titanenarbeit. In der Nacht vom 1. - 2. Februar war ich mit einer Kompanie von 305 auf Suche nach einem bestimmten Punkt, um Maschinengewehr - Stellungen zu bauen, aber es war bei diesem Schneesturm nicht möglich sich noch dazu bei Nacht zu orientieren. Unverrichteter Dinge kehrten wir früh ½ 6 Uhr wieder zurück. Einige Leute fielen um vor Frost. Wie ich dann erfuhr hatte es 48 Grad unter Null gehabt. Da hatten dann eben wir und die II. Kompanie in der nächsten Nacht die Ehre, die Punkte zu bauen. Am 3. Februar Früh kam eine Kompanie von 559 und löste uns ab. Unendlich froh marschierten wir in unser altes Quartier. Endlich schlafen sonst nichts. Doch schon am 4. Früh mußten wir wieder raus, beschleunigt die Auffangstellung fertig bauen. Alle drei Stunden Ablösung. Der Wind bläst uns das Mark in den Knochen zu Eis. Wir frieren furchtbar. Der Eine erfriert die Zehen, der Andre das Gesicht, so geht´s weiter. Ich auch drei Zehen und Fingerspitzen. Es wird bekannt, daß über 300 tote Russen in und um Atamanskoje liegen. Na, wenigstens ein Trost. Der Rest wurde in einem Bahnwärterhäuschen von der Pak. (Panzerabwehrkanone) zusammengeschossen, somit waren die drei Bataillon vernichtet. Die Russen möchten mit aller Gewalt das Donezbecken in ihre Hand bekommen, aber es hilft ihnen alle Anstrengung nichts. Da bleiben wir. Wir haben drei Tote, 8 Schwer und Leichtverletzte, die Artillerie einen Toten, ebenso die Pak. II. Kompanie ebenfalls.

7. FEBRUAR

Der Wind bläst mit unverminderter Stärke und Kälte.

8. FEBRUAR

Am 8. Feb. erhielt ich mit 10 Mann Marschbefehl nach Trotzkoje zu Inf. Regt. 207 (Infanterie - Regiment 207). Unterkünfte ausbauen. Es kamen in Atamanskoje noch 10 Mann von 559 und 10 Mann von 2/551 dazu. So marschierten wir bei Schneetreiben nach Trotzkoje 12 km. Unter Führung eines Melders ging´s von da weiter zur Front. Endlich komm ich dahin und darf die erste Linie erleben. Der Zugangsweg führt über eine Anhöhe, die vom Gegner eingesehen und beschossen wird. Deßhalb mußten wir in Trotzkoje 3 Std. warten, damit wir erst bei Dunkelheit dorthin kommen. Soweit wir bei Nacht feststellen konnten, waren wir zwischen zerschossenen Häusern und Maschinen. Wir meldeten uns im Bataillons - Gefechts - Stand, das war ein notdürftig zurechtgemachter Unterstand in einem Rübenkeller. Wir wurden auf mehreren solche Unterstände verteilt. Es war sehr eng und es gab viele Läuse.

9. FEBRUAR

Am 9. begannen wir einen Unterstand für eine Feldküche zu bauen und zugleich einen Rübenkeller für uns herzurichten. Auf dem Gelände stand früher ein ausgedehnter Kolchos, den schossen die Russen im Dezember in wenigen Stunden zusammen, sodaß die Besatzung buchstäblich ohne Dach war. Notdürftig zurechtgemachte Erdlöcher mußten als Unterkunft dienen. Der ganze Boden war von Splittern übersäet. Die Russen hatten in 3 Std. 400 Granaten herüber gejagt. Jeden Tag schossen sie ein bißchen her, konnten aber keinen Schaden mehr anrichten. Einmal krepierte eine 17,2 cm Gr. (17,2 cm Granate) ganz in unserer Nähe (25 m) ohne mehr zu bezwecken, als daß ein paar meiner Leute vom Luftdruck zu Boden geworfen wurden. Die Front war stets lebendig, es pfiff hinüber und ebenso auch herüber. Dann und wann kamen ein paar Überläufer, durch deren Aussagen war man stets auf dem Laufenden.

15. FEBRUAR

Der Unterstand war am 15. Februar fertig und die 559. zogen ab. Ich mußte mit meinen und den Leuten von II./551 bleiben. Wir bauten unseren Keller ebenfalls als Küchenunterstand aus und arbeiteten zugleich an der Stellung vorne. Auch hier mußten die notdürftigen Unterstände abgesteift und frisch gedeckt werden. Beobachtungsstände bestanden nur aus Schneewällen, auch die brachten wir in Ordnung. Wir arbeiteten mit Aufbietung aller Kräfte um den namenlosen

Helden da vorne den Aufenthalt etwas zu verbessern. Das Märchen von der viel besseren Verpflegung der aktiven Truppe ist auch aus. Nie litten wir mehr Hunger als die 14 Tage da in der ersten Linie. Ich stand beim vordersten Beobachter und sah vor mir das Niemandsland. Zerschossen, mit Toten bedeckt und mit Minen gespickt, liegt es zwischen den Stellungen. Die Bunker der Russen liegen 3 - 400 m am jenseitigen Hang. Dahinter ein Dorf und im Hintergrund sah man in 9-10 km Entfernung die Stadt Slawjawserbsk. Den dortigen Flugplatz mit Flugzeugen konnte man gut beobachten. Die Eisenbahn, die ihre Munition direkt in die Stellungen entladen kann, sieht man ebenfalls. Unsere Arie (Artillerie) kann aber nicht soweit vorgezogen werden, um dorthin langen zu können. Was die Männer in der ersten Linie den Winter geleistet und ausgehalten haben, das ist einmalig. Und dennoch ist der Humor gut. Die Stellung nimmt der Russe nicht. 70 Mann haben 1300 m zu verteidigen. Den Beobachterstand deckten wir mit Schienen ab. Bei jeder Bewegung pfiffen die Kugeln herüber. Aber auch das kann man sich angewöhnen. Ich sah russische Bunker in die Luft fliegen, von unserer Arie zusammengeschossen. Ein T. R. (vermutlich Toter Raum) wird von unseren

Truppen 1500 m vor der H. K. L. (Hauptkampflinie) gehalten. Es ist der höchste Punkt der Umgebung. Gegen den stürmten am 17. Januar 5 Bataillon Russen, ohne Erfolg, drei Tage lang. Die deutsche Arie legte eine Feuerglocke drüber und die 24 Mann darin mähten die Russen, die Welle auf Welle, besoffen, eingehängt stürmten, weg wie reifes Korn. Am 20 Januar lagen 800 Tote um den Punkt. Seit 6. Dezember liegen unsere Landser da ohne Ablösung.

22. FEBRUAR

Am 22. Februar machen wir noch spanische Reiter. Das Regiment genehmigte unser längeres Bleiben nicht mehr, so kehren wir am 22. Februar abends noch nach Medna-Ruda zurück.

24. FEBRUAR

Von da ging's am 24. weiter

zurück, über Artemowsk nach Iwanowskoje, wo wir am 6. Januar den Weg nach vorne antraten. Während des Marsches mußten wir verschiedene Male Fliegerangriffe abwehren. Hier bekommen wir Ruhe.

28. FEBRUAR

Wir haben gebadet, sind entlaust worden und fühlen uns wieder als Menschen. Habe Eier gegen Tabak eingetauscht, Mehl ließ ich verbacken und heut gab´s eine Flasche Pommery Sekt a 3,50 M. Wohne bei einer Frau mit zwei Kindern. Allerlei interessante Sachen werden bekannt, so mußte in Losowaja die gesamte Winterausrüstung der 17. Armee vernichtet werden, zum Teil fiel sie in russische Hände. Auch Weihnachtspost war darunter. So ist es erklärlich, warum wir diesen Winter ohne Winterbekleidung verbringen mußten. Und wie die Kälte bis zu 48 Grad überstanden wurde, davon reden die erfrorenen Hände und Füsse eine deutliche Sprache. Höhnische Flugblätter der Russenflieger forderten uns auf, unsere Post bei ihnen in Losowaja abzuholen. Na, es wird ihnen wohl noch vergolten werden. Es wird von ihnen noch viel, viel mehr geholt werden, als sie jemals von uns erwischt haben, wenn die Zeit reif ist.

Hier haben wir endlich wieder

mal Stuka - Staffeln (Sturzkampfflieger-Staffeln) zu den Russen fliegen sehen.

11. MÄRZ

Immer noch liegen wir hier in Ruhe. Am 8. III. hat´s noch einen furchtbaren Schneesturm gegeben, aber nun muß es doch bald vorüber sein. Am 9. waren 4 russische Jäger da, die schossen auf Zivilisten, die Straße räumen mußten und töteten 4 davon, 10 wurden verletzt. Die Hunde vernichten ihre eigenen Leute, wenn sie sehen, daß sie für uns arbeiten müssen.

15. MÄRZ

Immer noch Ruhe und dazu heute 40 Grad Kälte. Verfluchtes Land !!!

16. MÄRZ

Heute Mittag weg über Tschassow-Tarr nach Nikolajewka 10 km.

Hier bauen wir in ein paar großen Werkgeländen Kleinbahnen ab. Man will irgendwo 10 km davon haben. Es sind große Chamottewerke. Das dazu passende Material wird gleich daneben in großen Gruben im Tagebau gewonnen.

19. MÄRZ

Es ist kalt und schneit als ob´s wirklich Winter würde.

20. MÄRZ

Nur 21 Grad Kälte und Nordwind.

21. MÄRZ

Frühlingsanfang – 26 – Grad Kälte

22. MÄRZ

24 Grad. - - Verpflegung läßt seit einiger Zeit sehr zu wünschen übrig. Kraut und viel Wasser.

24. MÄRZ

Kalte Winde. Kraut u. Wasser.

27. MÄRZ

der erste Tag Tauwetter. - .

30. MÄRZ

Kalter Wind und Nachtfrost.

7. APRIL

Ostern ist still und ruhig vorüber gegangen. Es gab Zulage, Schokolade, Zigarren und weißes Brot. Auch die Verpflegung wird wieder etwas besser. Es taut, wenn es auch ziemlich frisch ist.

20. APRIL

So ist ein Tag nach dem anderen weg. Ein paar Tage Regenwetter verwandelten alles in Sumpf und Dreck. Am 18. April sind wir in Nikolajewka weg nach Artemowsk, darüber hinaus in südliche Richtung nach Dolomit. Ca. 60 km. Hier übernehmen wir eine Eisenbahnlinie.

Aufschottern, gerade richten und so weiter. Diese war von den Russen total gesprengt, auf einer Strecke von 12 km, jede Schiene, jede Weiche und acht Brücken, also vollkommen vernichtet. Unsere Vorgänger haben sie wieder fahrbereit gemacht. Das Wetter ist schön, aber windig.

1. MAI

Eine große Industrieanlage, im Bau befindlich ist ebenfalls total gesprengt worden. Hier sind große moderne Wohnblöcke zum Teil noch im Bau. Die Bewohner, durchwegs Aufseher, Direktoren und Komissäre sind selbstredend mit den Russen weg. Wir wohnen hier sehr nett in den großen hellen Wohnungen. Vorbereitungen für den neuen Vormarsch, der ja hoffentlich bald beginnt, werden getroffen. Ich leite einen Sonderkurs mit 16 Mann, die im Sprengdienst ausgebildet werden. Ab und zu kommen bei Nacht Flieger und werfen Bomben, die Eisenbahnlinie wollen sie treffen, doch bis jetzt ohne Erfolg. Bei Tag traut sich keiner her. Jetzt erst beginnt langsam die Feldbestellung. Der Boden wurde den Leuten zugeteilt. Sie haben viel zu wenig Maschinen und man sieht hier Mann und Frau den Pflug und die Egge ziehen. Man könnte ob dieser Armut und Plage heulen. Daß es sowas gibt. Der Menschheit ganzer Jammer ergreift Einen. Doch die Leute denken nichts dabei, sie sind froh, daß sie im Herbst eigene Ernte haben werden. Viele betteln bei uns um Arbeit, da sie dafür wenigstens Brot zugeteilt bekommen. Die meisten haben ja fast nichts mehr zu essen und die Ernte ist noch zu fern. Unsere Verpflegung ist jetzt wirklich besser geworden, wenn auch schon seit 5 Monaten keine Kartoffeln mehr zu bekommen sind. Die fehlen sehr. Ganz langsam beginnt es zu grünen. Erhöhte Alarmbereitschaft ist ab heute angeordnet.

4. MAI 42

Vorläufig beendet

Herzl. Gruß

Uffz. Hindelang

ANHANG

Messer aus Granatsplitter gefertigt

Großvater
(mit Hut und Lederhose)

Abkürzungen und unbekannte Begriffe aus dem Original

12 ₰	12 Pfennig
17 ₰	17 Pfennig
17,2 cm Gr.	17,2 cm Granate
40 Pf.	40 Pfund
48 Grad u. N.	48 Grad unter Null
Ahasvergesicht	der ewige Jude
akt. Truppe	aktive Truppe
Arie	Artillerie
Art. Feuer.	Artillerie-Feuer
Batl. 221.	Bataillon 221
Batl.	Bataillon
Batl. Chef.	Bataillons-Chef
Batl. Gef. Stand	Bataillons-Gefechts-Stand
Baukomp.	Baukompanie
Borscht.	russische Krautsuppe
Chleb.	Brot (russisch)
Dez.	Dezember
Div. Panzer	Division Panzer
dobry.	gut (russisch)
F. P.	Feldpostnummer
Feb.	Februar
Feindl. Flak	feindliche Fliegerabwehrkanone
Flak	Fliegerabwehrkanone
Gef.	Gefangene
Gef. Lager	Gefangenen-Lager
Gef. Portion	Gefangenen-Portion
H. V. A.	Heeresverpflegungsamt
H. K. L.	Hauptkampflinie
Inf. Regt. 207.	Infanterie-Regiment 207
Jan.	Januar
Judenmegären.	böse Judenweiber, Megäre = böses Weib
Komp.	Kompanie
Komp. Troß	Kompanie-Tross
Lt. Kamm.	Leutnant Kamm
M. G. Feuer.	Maschinengewehr-Feuer
M. G. Garben.	Maschinengewehr-Garben
M. G. Stöße.	Maschinengewehr-Stöße
M. Ge.	Maschinengewehr
mot. Kol. der Komp.	motorisierte Kolonne der Kompanie
Mu. Lager.	Munitions-Lager
nachm.	nachmittags
nordwestl. Richtung	nordwestliche Richtung
Okt.	Oktober
Org. Todt.	Organisation Todt
Pak.	Panzerabwehrkanonen
Pak und Art.	Panzerabwehrkanone und Artillerie
P. S.	Pferde-Stärke (PS)
Rata´s.	russische Jagd-Flieger
Regt.	Regiment
russ. Tanks	russische Panzer
S. S.	Schutz Staffel
S. S. Verfügungstruppe.	Schutz Staffel Verfügungstruppe
staatsfeindl. Gesinnung	staatsfeindliche Gesinnung
Stuka.	Sturzkampfflieger
Stuka-Staffel	Sturzkampfflieger-Staffel
Stukatrichter	Sturzkampfflieger–Trichter
südl. Richtung	südliche Richtung
T. R.	vermutlich Toter Raum
Tank	Panzer
Truste	Fabriken
V. A.	Verpflegungsamt
vorm.	vormittags
Uffz.	Unteroffizier
unendl. Dreck	unendlicher Dreck
W. H. W.	Winterhilfswerk